깊은 페루

깊은 페루

안데스적 가치와 상생의 사유

강정원 지음

라틴아메리카 상생 연대기 ❶

깊은 페루와 안데스적 가치

    남미 태평양 연안에 위치한 페루는 라틴아메리카의 대표적인 고대 문명 중 하나인 잉카 문명의 발상지로 잘 알려져 있다. 메소아메리카 문명과 함께 콜럼버스 이전 아메리카 대륙의 양대 문명권이었던 안데스 문명을 통합한 잉카 제국의 중심지로서, 페루는 정복, 식민화, 근대화를 거치며 독특한 정치적·사회적·문화적 특성을 형성해 왔다. 스페인은 잉카 제국과 아스테카 제국을 식민 통치의 핵심 행정 거점으로 삼았으며, 이에 따라 페루 부왕령은 멕시코 부왕령과 함께 18세기 초반까지 스페인 식민지의 주요 중심지로 기능했다. 이 과정에서 원주민 문화와 스페인 문화가 융합된 혼종성이 페루의 핵심적인 사회·문화적 특징으로 자리 잡았다. 이러한 혼종성은 언어, 전통, 문화의 공존을 통해 페루 사회에 역동성을 더하지만, 때로는 폭력적이고 억압적인 관계를 정당화하거나 지속시키는 근거로 악용되어 갈등을 초래하기도 한다.

인종 다양성과 혼종성은 라틴아메리카 전반의 공통된 특징이지만, 페루의 혼종성에는 다른 라틴아메리카 국가들과 구별되는 독특한 면모가 있다. 바로 다양한 인종 집단이 비교적 뚜렷하게 구분된 지리적 지역을 기반으로 살아왔다는 점이다. 예를 들어, 안데스 문명의 주축인 케추아족과 아이마라족은 안데스 산악 지대에서 공동체를 형성했으며, 소수의 고립된 원주민 부족은 아마존 열대 지역에서 삶을 이어갔다. 반면, 메스티소와 유럽계 인구는 해안 지역에 집중되어 있다. 이와 같은 지역별 인종 분화는 각기 다른 생태 환경과 결합하여 다채로운 생활양식, 생산 활동, 그리고 지역별로 독특한 사회 구조를 형성하는 배경이 되었다.

이 책은 페루의 생태적 다양성이 어떻게 페루의 문화적 정체성으로 형성되어 왔는지를 다각도로 고찰하고자 한다.

제1장에서는 페루 고유의 매력과 잠재력을 문화적, 생태적, 경제적 관점에서 살펴본다. 이 장은 페루가 라틴아메리카라는 맥락에서도 어떠한 독특한 위치를 점하는가를 조명하며, 그 잠재력을 탐색한다.

제2장에서는 안데스 문명의 중심지였던 페루가 역사적 격변 속에서도 어떻게 문화적 연속성을 유지하고 고유의 가치를 보존해왔는지 탐구한다. '안데스적 가치'라는 개념적 틀을 통해 이 장은

이러한 가치가 역사적 변동 속에서 어떻게 형성되고 계승되었는지를 분석하며, 페루의 과거와 현재가 조화를 이루며 공존하는 양상을 탐색한다.

제3장에서는 식민지 시대부터 현대에 이르기까지 페루 경제의 중추였던 광산 개발이 안데스 지역 사회에 미친 영향을 심층적으로 검토한다. 광산은 수백 년에 걸쳐 페루에 막대한 부를 창출했으나, 동시에 심각한 사회 갈등과 환경 파괴를 초래했다. 특히 페루의 광산은 대부분 안데스에 밀집되어, 안데스 원주민 공동체의 삶을 송두리째 흔들 수 있는 파괴력을 지녔다. 이 장은 민족지 연구를 바탕으로, 광산 개발의 파괴적 영향에 맞서 자신들의 문화적 정체성과 생계 기반을 지키고자 하는 원주민·농민 공동체의 저항과 생존 전략을 분석한다.

제4장에서는 호르헤 바사르데(Jorge Basarde)의 '깊은 페루(Perú profundo)'와 '공적 페루(Perú legal)' 개념을 통해, 안데스와는 대비되는 현대화된 페루의 상징인 수도 리마를 조망한다. 식민지 초기 리마로의 수도 이전은 리마를 '공적 페루'의 상징이 되게 했다. 그러나 식민지 시대부터 원주민들은 생존을 위해 노동 이주를 통해 도시로 유입되었고, 이는 리마를 유럽계, 메스티소, 원주민의 삶이 얽힌 복합적 공간으로 변화시켰다. 이 장은 '바리아다(barriada)' 또는 '푸에블로 호벤(pueblo jóven)'이라고 불리는 무허가 정착지를 통해 리마 내에서 재현되는 페루의 구조적 불평등과 이중적 사회 구조를 분석한다.

이러한 논의를 통해 이 책은 현재 페루가 직면한 정치적 위기의 근저에 '공적 페루'에 의한 '깊은 페루'의 소외가 자리하고 있음을 주장한다. 나아가 인간과 자연의 상생을 핵심 가치로 삼는 안데스적 가치가 소외와 배제의 정치를 극복하고, 보다 공정하고 지속 가능한 미래를 모색하는 데 중요한 함의를 제공한다고 논한다.

2025년 4월
강정원

CONTENTS

| 일러두기 |

제2장은 강정원, 「식민시대 안데스의 젠더: 원주민 여성을 중심으로」, 《라틴아메리카연구》 제27권 제4호(2014)의 일부와 강정원, "Coping with Colonialism: Mita and Indian Community in the Colonial Andes", 《이베로아메리카연구》 제24권 제1호, 그리고 강정원 외 공저 『문명, 인류를 밝히다』(전남대학교 박물관 문화전문도서 13, 심미안, 2024)에서 저자가 작성한 부분의 일부 내용을 인용했다.

제3장은 강정원, "Gender Roles and Rural-Urban Divide in the Peruvian Andes: An Analysis of the District of San Marcos," 《라틴아메리카연구》 제23권 제2호(2010), 강정원, 「페루의 광산업과 지역 사회 발전: 카논 미네로와 농촌마을 변동 사례」, 《국제지역연구》 제18권 제1호(2014); Kang Jungwon, "Conceptualizing Development in the Peruvian Andes: The Case of the Compañía Minera Antamina," Human Organization, 제71권 제3호(2012); Kang Jungwon, "Can Participation Be Gender-Inclusive?: Gender Roles, Development Projects and the Antamina Mining Project in Peru," 《이베로아메리카연구》 제23권 제1호(2012); 강정원, 「페루 광산업 부문에서 중국 국유기업의 행태와 전략: 셔우강, 치날코, MMG 사례 비교」, 《라틴아메리카연구》 제29권 제4호(2016)을 바탕으로 일부 내용을 인용 및 추가 보완하여 작성했다.

제 1 장

페루, 다양성과 잠재력의 국가

01 찬란한 고대 문명이 꽃피었던 곳

페루는 잉카 제국의 본거지로 잘 알려져 있다. 잉카 제국은 15세기 초반에 설립된 제국으로, 사실상 아메리카 대륙의 고대 문명 형성기 가장 마지막 단계에 중앙집권화를 이룬 세력이다. 잉카가 아메리카 고대 문명의 마지막 단계의 집약체라면, 아메리카에서 가장 먼저 등장한 문명으로는 노르테 치코(Norte Chico)를 들 수 있다. 주목할 점은 이 역시 현재 페루에 해당하는 지역에서 발생했다는 것이다. 기원전 3500년경으로 거슬러 올라가는 노르테 치코는 페루 수도 리마에서 북쪽으로 약 200킬로미터 떨어진 수페 계곡의 카랄(Caral)에서 번성했다. 이는 메소아메리카 최초의 문명인 올메카(Olmec) 문명보다도 약 2000년 앞선 시기에 나타난 것으로, 당시 인구 밀도가 중국 북부를 제외하고 세계에서 가장 높았을 것으로 추정될 정도로 번영한 사회였다.[1] 기원전 1800년경 해안을 따라 남북으로, 그리고 안데스산맥 일대에서 더 강력한 경쟁 세력들이 등장하기 전까지 노르테 치코는 전쟁의 흔적이 거의 없는 평화로운 도시국가들로 존재했었던 것으로 보인다. 그럼에도 내부적으로는 계층 분화, 중앙집권적 정치권력의 형성, 역외 교역 등 복잡 사회의 특징을 일부 보였다.

노르테 치코의 등장 이후, 남아메리카의 고대 문명은 페루 해안과 안데스산맥 내륙을 양축으로 병렬적으로 발전했다. 해안 지역은 태평양 연안의 훔볼트 해류로 인해 건조한 사막 기후를 보였다. 그러나 강 하구의 수자원을 활용한 농업과 훔볼트 해류로 풍족한 어족자원에 기반한 어업이 발달하며 초기 문명 형성에 유리한 조건을 갖추었다. 한편, 높은 고도의 안데스 산악 지대에서는 계단식 농업 기술의 발전과 고산 환경에 적합한 농작물 재배 및 가축화가 가능해지면서 체계적인 사회가 형성되기 시작했다.

페루 해안에서의 사회 발전을 살펴보면, 북부와 남부가 다소 분리되어 복잡 사회가 발전했다. 북부에서는 현재 페루의 트루히요(Trujillo)주 일대를 중심으로 기원전 200년경부터 서기 750년경까지 번성했던 모체(Moche) 문화, 그리고 서기 1100년경부터 잉카에 의해 정복됐던 1470년대까지 번성했던 치무(Chimú) 문화가 대표

---

1) 노르테 치코에 대한 설명은 Charles C. Mann, *1491 New Revelations of the Americas Before Columbus*, Vintage Books, 2005의 6장을 참고했다. 올메카 문명에 대해서는 다음을 참고하기 바란다. 로버트 M. 카멕 외, 강정원 옮김, 『메소아메리카의 유산: 아메리카 토착 문명의 역사와 문화』, 그린비, 2014.

〈**그림 1**〉• 치무 왕국의 수도 찬찬 조경도.
출처: 위키피디아.

적이다. 광범위한 관개 시스템을 도입해 농업 생산성을 극대화했던 모체는 노르테 치코 이후 북부 해안에 등장한 가장 광범위하고 번영한 도시국가였다. 이들은 태양, 달, 물에 대한 숭배와 희생 의식이 발달한 복잡한 종교 의례를 보유했다. 정교한 공예품은 상류층의 권력을 과시하는 목적으로 사용되었고, 정복과 전쟁을 통한 확장주의적 성향을 드러냈다.[2] 이와 같은 특징들은 모체의 계승

---

2) Christina Taggart, "Moche Human Sacrifice: The Role of Funerary and Warrior Sacrifice in Moche Ritual Organization", *Journal of Anthropology*, 18(1), 2010.

자라고 할 수 있는 치무 문화에서 더욱 강화되어 나타났다. 잉카에 의해 정복되기 전까지 남아메리카에서 가장 크고 강력한 정치 체제였던 치무는 중앙집권적 권력 구조를 중심으로 계층 간 분화가 뚜렷했으며, 태양과 달 숭배를 중심으로 동물과 아동을 제물로 하는 희생 의식이 주된 종교적 요소로 자리 잡았다. 또한 관개 기술의 확장으로 대규모 농업이 이루어졌고, 어업과 광범위한 역외 무역 또한 활발히 이루어졌다.[3]

한편, 기원전 800년경부터 페루 남부 해안에서는 파라카스(Paracas) 문화가 형성되었다. 이들은 소규모 공동체들의 연합체로 보이며, 극도로 건조한 남부 해안 사막 기후에서도 독창적인 관개 기술을 활용한 농업과 풍부한 어족자원을 기반으로 한 어업을 통해 크게 성장했다. 파라카스는 정교한 장례 관습과 화려한 직물로 유명한데, 특히 인간을 미라로 만드는 의식에서 사후 세계에 대한 깊은 신앙을 공유했음을 확인할 수 있다. 이러한 특성은 파라카스를 계승한 나스카(Nazca) 문화에서도 이어졌다. 모체 문화와 비슷한 기간 번성했을 것으로 추정되는 나스카는 파라카스와 마찬가지로 건조한 사막 지대에서 관개 기술, 특히 푸키오스(Puquios) 시스템을 통해 수자원을 확보했다.[4] 나스카 역시 장례 의례를 통해

---

3) Charles C. Mann, 같은 책, pp. 263-266.
4) 나스카의 푸키오스 시스템은 사막에서 효과적으로 물을 관리하기 위한 지하 수로 네트워크이다. 푸키오스는 지하 수로와 이를 보수 유지하기 위한 수직 샤프트로 구성되며, 주로 농업 관개용으로 사용되었다. 학자들은 푸키오스를 나스카의 생태적 적응 전략의 핵심 요소로 설명한다. Helaine Silverman and Donald Proulx, *The Nasca*,

<**그림 2**> · 나는 사람을 묘사한 파라카스 장례용 직물(일부).

출처: Bequest of Arthur M. Bullowa, 1993. https://www.metmuseum.org/art/collection/search/316945

사후 세계에 대한 신앙을 드러냈으며, 화려한 직물 공예와 지상화를 통해 동물 도상을 재현하며 인간과 자연의 조화를 강조하는 세계관을 보여 주었다. 그러나 북부 해안에서는 모체 문화를 계승한 치무가 잉카 이전 남아메리카 최대의 정치 체계를 구축하여 번영한 반면, 남부 해안의 나스카 문화는 극심한 환경 변화와 자원 고갈로 인해 쇠퇴하게 된다.[5]

기원전 900년경부터는 파라카스와 모체 문화에도 영향을 미쳤

Wiley-Blackwell, 2002 참조.

5) Katharina J. Schreiber and Josué Lancho Rojas, "The Puquios of Nasca," *Latin American Antiquity*, 6(3): pp. 229-254, 1995.

을 것으로 추정되는 차빈(Chavín) 문화가 안데스 내륙 산악 지역에서 형성되기 시작했다. 노르테 치코가 아메리카 대륙에서 가장 초기에 도시화된 거대한 정치 체계였다면, 차빈은 안데스 산악 지대뿐만 아니라 뒤이어 등장할 해안 지역의 문화권에도 영향을 끼친 문명이다.[6] 또한 차빈은 이후 안데스 문화권들에서 나타날 복잡하고 정교한 종교 의례와 수로 시설로 대표되는 기술적 성취의 기원을 보여 준다. 차빈 문화는 페루 북부 앙카쉬(Ancash)주의 해발 약 3,200미터 고지대 계곡에 위치한 차빈 데 완타르(Chavín de Huántar) 유적지의 고고학적 연구를 통해 그 실체가 재구성되어 왔다. 특히 차빈 유적지의 약 2-3킬로미터에 달하는 어둡고 비좁은 지하 통로가 사원 내부와 하층에 분포하며 다양한 공간과 수로와 복잡하게 연결되어 있다. 이는 우기의 과도한 강우로 인한 홍수로부터 사원을 보호하는 동시에, 지하 통로로 상징되는 지하 세계와 수로로 상징되는 지상 세계를 연결하며 종교 의식의 효과를 극대화한 것으로 해석된다. 또한 지하 통로 중심에 세워진 4.5미터 높이의 거대한 돌기둥, 란손(El Lanzón)은 인간과 동물이 혼합된 형상으로, 인간 세계와 초자연적 존재의 중재자로 여겨진다. 란손은 차빈 우주론에서 균형과 조화를 상징하며, 차빈 사회 통합에서 종교가 핵심적인 역할을 했음을 보여준다.[7] 초자연적 존재에 대한

---

6) Richard L. Burger, *Chavín and the Origins of Andean Civilization*, Thames and Hudson, 1992.
7) Richard L. Burger, 같은 책, 4장.

〈그림 3〉· 란손 모형 조각상, 페루 국립박물관.

출처: 위키피디아.

숭배는 파라카스 문화와 나스카 문화를 비롯해, 이후 약 300년 뒤 페루 안데스 남부의 아야쿠초(Ayacucho)주 일대에서 발전한 와리(Wari) 문화에서도 확인되어, 그 문화적 연속성을 드러낸다.[8]

차빈에 이어 안데스 고산 지대에서의 문명이 발전하면서, 와리를 기점으로 페루 중부와 남부 지역으로 그 중심이 이동하는 양상을 보인다. 서기 약 500년부터 1000년 사이에 번성한 와리 문화는 차빈과 달리 확장주의적이고 중앙집권화된 정치 시스템을 구축하며 제국의 등장을 알렸다.[9] 차빈에서 나타난 복잡한 상징 체계와 다신교적 세계관은 와리에도 계승되었다. 그렇지만 와리는 대규모 관개 시스템과 광범위한 무역망을 통해 세력을 널리 확장했고, 이 과정에서 남부 해안의 나스카 문화를 약화시키는 요인으로 작용한 것으로 보인다.[10] 와리의 제국주의적 성향과 중앙집권적 정치 체제는 이후 안데스 지역에서 가장 크고 강력한 제국으로 자리 잡은 잉카 제국으로 이어졌다. 페루 쿠스코(Cuzco)를 수도로 삼아 설립된 잉카 제국은 메소아메리카의 아스테카 제국과 더불어 콜럼버스 이전 아메리카 대륙의 양대 축을 형성한 가장 강력한 세력이었다. 잉카 시대의 사회상과 환경은 이어지는 장에서 자세히 다

---

8) William H. Isbell and Gordon F. McEwan, eds., *Huari Administrative Structure: Prehistoric Monumental Architecture and State Government*, Dumbarton Oaks, 1991.
9) William H. Isbell and Gordon F. McEwan, 같은 책.
10) Katharina J. Schreiber, *Wari Imperialism in Middle Horizon Peru*, University of Michigan Press, 1992.

〈그림 4〉· 안데스 고산 지대 잉카 문명의 유적인 마추픽추.
출처: 픽사베이.

룬다. 이렇게 페루는 노르테 치코부터 잉카에 이르기까지 남아메리카에서 가장 강력한 세력들이 밀집했던 지역이다. 이에 따라 페루에는 다양한 문화적 전통을 계승한 원주민 집단들이 여전히 전통을 계승하며 살아가고 있을 뿐만 아니라, 아직 충분히 밝혀지지 않은 고대 역사의 실마리를 간직한 곳이기도 하다.

02 다양하고 풍부한 천연자원을 보유한 자원 부국

라틴아메리카는 33개의 독립국으로 구성되어 있다. 이 지역이 전 세계 인구의 약 8퍼센트, 총 GDP의 약 6퍼센트를 차지하는 점을 고려하면, 국가 수는 전 세계 약 16퍼센트로 상대적으로 많은 수의 국가들로 구성되어 있다고 볼 수 있다. 이는 달리 말하면 상대적으로 작은 규모의 국가들이 큰 비중을 차지함을 의미한다. 구체적으로, 33개국 중 23개국은 인구 1,500만 명 미만이고, 이 중 10개국은 인구가 100만 명에 못 미친다. 반면, 브라질과 멕시코 인구는 각 2억 1,157만 명과 1억 3,086만 명으로, 두 나라가 라틴아메리카 전체 인구의 절반 이상을 차지한다.[11] 경제 규모에서도 유사한 양상이 나타난다. 2022년 라틴아메리카의 명목 GDP는 약 5.9조 달러이고, 이 중 브라질과 멕시코의 GDP 합계는 약 3.5조 달러로 전체의 59퍼센트를 점유한다. 이에 반해 GDP가 20억 달러 미만인 국가는 14개국에 달하며, 이들의 GDP 총합은 약 92억 달러로 전체의 1.5퍼센트에 불과하다.[12] 이를 분류하면, 브라질과 멕시코로 구성된 대규모 경제군, 주로 카리브해 국가와 일부 중미 국가로 이루어진 소규모 경제군, 그리고 대부분의 남미 국가가 속한 중규모 경제권으로 나눌 수 있으며, 각 범주별 노동 시장과 산업 구조는 상당한 차이를 보인다.

페루는 2023년 기준 인구 3,404만 명으로 중규모 경제권에서는

---

11) UN의 「2024년 세계인구전망(World Population Prospects 2024)」 보고서 참조. 이 보고서에 따르면 2024년 라틴아메리카의 인구는 약 6억 4천만 명으로 추산되며 전 세계 인구의 약 8.7퍼센트를 차지한다. https://desapublications.un.org/publications/world-population-prospects-2024-summary-results
12) IMF, *World Economic Outlook Database*, October 2022, https://www.imf.org/en/Publications/WEO/weo-database/2022/October.

콜롬비아, 아르헨티나에 이어 세 번째로 크며, 같은 해 명목 GDP 는 약 2,250억 달러로 아르헨티나, 칠레, 콜롬비아에 이어 네 번째 로 큰 규모를 기록했다.[13] 이는 라틴아메리카 중규모 경제권 국가 중 상위권에 속함을 의미한다. 페루의 시장 규모를 고려할 때, 라 틴아메리카를 경제 협력의 대상으로 삼고자 한다면 페루는 간과 할 수 없는 중요한 시장으로 평가된다. 페루 경제의 가장 강력한 성장 동력은 풍부하고 다양한 천연자원이다. 사실, 천연자원 수출 의존형 경제 구조는 페루에 국한되지 않고 남미 국가들의 공통된 특징이다.[14] 그러나 남미 국가들 사이에도 보유 자원의 규모, 종 류, 생산 방식에서 차이가 존재한다. 페루의 특징은 다음과 같다. 첫째, 안데스, 해안, 아마존 지역별로 보유 자원이 뚜렷이 구분된 다. 둘째, 특정 자원이 장기간 주력 수출품으로 경제 성장을 이끌 어 왔다. 셋째, 광물, 구아노, 구리 등 주요 수출 품목의 소유권을 국가가 보유하되, 민간에 생산과 개발을 위탁하고 로열티, 세금, 수수료 등으로 수익을 얻는 방법을 취해 왔다.[15] 〈표 1〉은 페루 각

---

13) IMF, *World Economic Outlook Database*, April 2023, https://www.imf.org/en/ Publications/WEO/weo-database/2023/April/select-subjects?c=293.
14) 유엔무역개발기구(UNCTAD)는 2019년 보고서에서 남미 모든 국가를 농산품, 에너 지, 광물 수출에 의존하는 일차 산품 의존국으로 분류했다. 라틴아메리카에서 남미 외 지역 중 이 범주에 해당하는 국가는 중미의 과테말라(농산품), 벨리즈(농산품), 카 리브해의 자메이카(광물), 세인트루시아(에너지), 트리니다드토바고(에너지)다. 남미 국가들을 주요 수출 품목별로 나누면, 광물 의존국은 페루, 칠레, 가이아나, 수리남. 에너지 의존국은 베네수엘라, 콜롬비아, 볼리비아. 농산품 의존국은 에콰도르, 아르헨 티나, 우루과이, 파라과이, 브라질로 분류된다. United Nations Conference on Trade and Development(UNCTAD), *State of Commodity Dependence 2019*.
15) Rosemary Thorp and Stefania Battistelli, *The Developmental Challenges of Mining*

지역별 특화된 수출 품목, 주요 생산 시기, 생산 방식을 정리한 것이다.

〈표 1〉에 정리된 바와 같이, 페루 해안 지역은 주로 농수산물 생산에 주력하며, 이와 달리 안데스 지역은 광물과 일부 농축산물 생산에 집중한다. 반면, 아마존 지역은 금, 석유, 천연가스와 같은 에너지 자원과 수출용 농산품 및 목재 생산을 중심으로 한다. 이러한 지역별 자원의 차별적 분포는 각 지역의 경제적 여건, 노동 시장 구조, 사회관계에 다각도로 영향을 미친다. 또한 자원 생산 양태(생산 주체가 기업인지 개인인지, 기업이라면 다국적 기업인지 국내 기업인지, 개인이라면 지역민인지 외부인인지 등), 생산 방식(자본 집약적인지 노동 집약적인지 등), 그리고 해당 자원 생산에 대한 수요 등도 각 지역에 영향을 미치는 요소들이다. 예를 들어, 19세기 중반 구아노(페루 연안 섬에서 채취된 새 배설물)가 비료 원료로 전 세계에 수출되며 정부 세수의 60-70퍼센트를 차지하는 막대한 수익을 창출하던 당시, 해안 지역은 경제 성장의 중심지로 부상했다. 이 시기 항구와 도시 인프라 확충, 신흥 부유층 형성과 계층 구조 재편, 이민 노동자 유입 및 인구 증가 등의 변화가 두드러졌다. 구체적으로, 해안 주요 도시를 연결하는 철도와 도로망 건설, 무역 업무 활성화를 위한 전신망 구축, 카야오(Callao) 항만 시설 확장 등이 이루어지며 해안은 상업 중심지로 변모했다.

and Oil: Lessons from Africa and Latin America, Palgrave Macmillan, 2012.

〈표 1〉· 페루의 주요 원자재 수출 품목: 지역별 구성과 특징

지역 구분		주요 수출 품목	생산 호황기	주요 생산 방식과 주체
해안	농산물	비전통적 작물(아스파라거스, 아보카도, 포도, 망고, 블루베리 등)	2000년대 초반–현재	대규모 기업농 중심 (Camposol, Danper, Virú, Agrovisión 등)
		전통적 작물 (면화·설탕)	19세기 후반–20세기 중후반	대규모 기업농(Textil Piura, Grupo Gloria, Coazucar 등)과 중소 농가, 지역 협동조합 혼재
	수산물	구아노	1840-1870년대	외국 기업에 위탁(영국 Anthony Gibbs & Sons, Barings 등, 프랑스 Dreyfus Frères & Co. 등)
		어분과 어유(안초베타)	1950년대 이후–현재	대기업 중심(TASA, Austral Group, Copeinca, Exalmar, Diamante 등)
	에너지	탄화수소 (석유·천연가스)	19세기 후반–현재	국영석유회사(Petroperú)
안데스	광물	은	독립 초기-현재	다국적기업(Volcan, Buenaventura, Hochschild, Antamina, Pan American Silver 등)
		구리 및 기타 광물(금, 아연, 납, 주석, 몰리브덴 등)	20세기 중반–현재	다국적 기업(MMG, BHP, Glencore, Teck Freeport-McMoran, Grupo México 등)

안데스	농산물	퀴노아, 마카, 아마란스 등 기능성 곡물	2010년대-현재	중소농가, 협동조합
		커피	1990년대-현재	중소농가, 협동조합
	축산·섬유	알파카, 비쿠나, 라마 섬유	1990년대-현재	소규모 농가, 원주민 공동체, 협동조합, 기업이 생산 단계별 분화
아마존	농산물	고무	19세기 후반-20세기 초반	소수 자본가 및 국내외 기업
		커피, 카카오, 팜유	1990년대-현재	중소농가, 협동조합
	에너지	탄화수소 (석유·천연가스)	20세기 후반-현재	국영석유회사와 다국적 기업(Pluspetrol, Repsol, CNPC, Sinopec, Perenco 등)
	광물	금	1990년대-현재	소규모 영세 광산, 불법 채굴
	목재	열대 목재	1980년대-현재	대기업, 중소업체, 지역 원주민, 불법 조직 등 혼합

　　사회계급과 노동 구조의 변화도 뚜렷했다. 이 시기부터 페루 정부는 자원 수출을 외국 자본에 위탁하는 방식을 본격적으로 채택했으며, 프랑스의 오귀스트 드레퓌스(Auguste Dreyfus)와 영국의 앤터니 깁스 앤 선즈(Anthony Gibbs & Sons) 같은 유럽 자본이 주요 수

혜자가 되었다. 그러나 도밍고 엘리아스(Domingo Elías), 피에롤라
(Piérola), 파르도(Pardo) 가문 등 국내 대지주와 상인들도 구아노 판
매권에 관여해 큰 부를 축적하며 이후 올리가르키아(oligarquía)로
불리는 과두층을 형성했다.[16] 구아노 무역을 통한 페루 자본가와
서구 자본가의 교류는 해안 상류층을 중심으로 하는 다국적 자본
가 네트워크의 기틀이 되었다. 반면, 구아노 채굴과 인프라 건설
에 필요한 노동력 확보를 위해 '쿨리(coolie)'로 불린 중국인 계약
노동자들이 대거 유입되었다. 이들은 계약 종료 후 해안 도시에
정착해 주로 자영업을 시작했으며, 이들의 주거지는 리마에서 가
장 큰 외국인 이주민 거주지인 차이나타운(Barrio Chino)으로 성장
하게 된다.[17]

구아노 시대는 구아노 과다 채취, 합성 비료의 등장, 태평양 전
쟁(1879-1883) 등 여러 요인이 복합적으로 작용하며 결국 1880년대
막을 내린다. 이후 페루는 아마존의 고무(1880-1930년대), 해안 저지
대의 설탕(1880-1930년대), 해안 지역의 석유(1930년대), 아마존과 안
데스 저지대의 불법 코카 잎 생산(1970-1980년대) 등에서 일련의 수
출 붐을 경험했다. 그러나 20세기 초반부터 페루 경제 성장을 가

---

16) Peter F. Klarén, *Peru: Society and Nationhood in the Andes*, Oxford University
Press, 1999.
17) 리마의 '바리오 치노'는 시내 중심구(Calle Capón)에 인접한 바리오스 알토스
(Barrios Altos) 일대에 위치하며, 카야오(Callao), 트루히요(Trujillo), 치클라요
(Chiclayo), 아레키파(Arequipa) 등 전국 주요 도시에도 중국인 거주지가 확대
되었다.

장 안정적으로 이끈 단일 품목은 구리였다. 사실상 20세기부터 페루는 광산 국가(mining state)로 변모했다고 해도 과언이 아닐 정도로 구리를 비롯한 광물에 의존하는 경제 구조를 갖추게 되었다.[18] 라틴아메리카의 또 다른 대표적 광산 국가인 칠레와 달리, 페루는 1990년대 알베르토 후지모리 정권의 신자유주의 개혁하에 광산 부문이 대거 민영화되었고, 잇따른 광업 붐이 해외 자본 주도로 진행되었다.[19] 또한 페루의 주요 광산은 전통적으로 케추아(Quechua)족과 아이마라(Aymara)족의 생활 터전인 안데스 산악 지대에 위치해 지역 사회와의 갈등 가능성이 크다는 점도 중요한 차별점이다.

2000년대 초반 중국발 자원 붐은 페루 광산업에 역사적 호황기를 가져왔으며, 이는 안데스 지역의 생태 환경과 사회관계에 광범

---

18) 페루가 보유한 주요 광물은 구리(전 세계 매장량의 12퍼센트), 금(3.9퍼센트), 은(15.3퍼센트), 아연(9.5퍼센트), 납(5.3퍼센트) 등이다. 2023년 기준 광업은 정부 세수의 약 10퍼센트, GDP의 9.5퍼센트, 총 수출의 약 64퍼센트를 차지했다(IMF, *World Economic Outlook Database*, April 2023, https://www.imf.org/en/Publications/WEO/weo-database/2023/April/select-subjects?c=293; U.S. Geological Survey, *Mineral Commodities Summaries 2023*, https://pubs.usgs.gov/publication/mcs2023).

19) 수출 의존적 경제구조를 가진 남미 국가들 가운데 광물 비중이 수출에서 차지하는 비중은 페루(약 60퍼센트 이상), 칠레(약 50퍼센트 내외), 볼리비아(약 40퍼센트 내외)로 페루가 가장 높다. 페루가 1990년대 민영화 이후 국영 광산이 사실상 없어 외국 자본에 거의 전적으로 의존하는 반면, 칠레 1960-1970년대, 볼리비아 1950년대 광산업 국유화 이후 국영광산회사(칠레의 Codelco, 볼리비아의 Comibol)가 중요한 역할을 지속하며, 구리와 리튬을 국가 전략 자원으로 지정해 자원민족주의 접근을 강화해 왔다(Rosemary Thorp and Stefania Battistelli, *The Developmental Challenges of Mining and Oil: Lessons from Africa and Latin America*, Palgrave Macmillan, 2012).

위한 변화를 초래했다. 21세기 자원 붐과 안데스 지역의 생태·사회적 변화는 이 책의 3장에서 자세히 다루고 있다. 이처럼 페루의 풍부한 천연자원은 독립 이후 경제 성장을 지속적으로 견인해 왔으며, 지역별로 상이하게 분포된 다양한 자원은 앞으로도 오랜 기간 페루의 강력한 경쟁력으로 작용할 것으로 보인다.

03 아시아-남미, 안데스-태평양을 잇는 물류 허브로서의 잠재력

페루는 동서로 아마존 밀림, 안데스 산맥, 해안이라는 뚜렷하게 구분되는 지형으로 인해 육상 교통에 상당한 제약을 겪어 왔다. 특히 19세기 구아노 붐에서 드러나듯, 페루의 근대화는 리마를 비롯한 해안 주요 도시의 인프라 구축과 시설 정비를 중심으로 진행되었으나, 이 과정에서 안데스와 아마존은 사실상 소외되었다. 이러한 내부 도로망의 한계에도 불구하고, 페루는 물류와 항공 환승에 있어 브라질과 칠레에 이어 남미의 새로운 허브로 부상할 잠재력을 지니고 있다.

물류 측면에서 페루는 안데스 남부 지역과 볼리비아의 지리적 근접성을 활용해 '안데스-태평양 간 중계항'으로서 유리한 위치에 있다. 현재까지 볼리비아는 태평양 전쟁(1879-1883) 이후 영해를 상실하여 칠레의 아리카(Arica), 이키케(Iquique), 안토파가스타 (Antofagasta) 북부 항만을 주요 무역 항구로 이용해 왔으나, 경로

다변화와 비용 절감을 위한 새로운 경로에 대한 수요가 꾸준히 제기되어 왔다.[20] 이에 페루는 리마 인근의 최대 컨테이너 항만인 카야오(Callao), 아레키파(Arequipa)주의 마라타니(Maratani), 모케과(Moquegua)주의 일로(Ilo), 북부의 파이타(Paita)와 살라베리(Salaverry) 항만을 현대화하며 중계항으로서의 입지를 강화하고 있다. 특히 일로 항만은 볼리비아 전용 항구로, 파이타, 살라베리 등 북부 항만은 브라질 아마존 지역과의 연결망으로 개발할 계획이다.

가장 주목할 프로젝트는 중국 국유 기업인 원양해운집단(COSCO Shipping)이 5년간 13억 달러(약 1조 8천억 원)를 투자해 페루 볼칸광산회사와 6 대 4 지분으로 건설 중인 찬카이(Chancay) 항만이다. 2024년 11월 일부 개통한 이 항만은 아시아와 남미를 잇는 핵심 물류 거점으로 부상할 전망이다.[21] 라틴아메리카 물동량 기준 6위인 카야오 항만은 2024년 350만 티이유(TEU)를 상회했으며, 찬카이 항만은 2032년 완공 시 350만 티이유를 목표로 하고 있어, 찬카이가 카야오와 함께 페루를 대표하는 항만으로 자리 잡게 될 것이다.[22] 특히 기존 아시아-남미 물류 경로(멕시코 만사니요항, 미국 롱비치항, 파나마운하 경유 등)를 찬카이항 직항으로 대체하면

---

20) Peter F. Klarén, Ibid.

21) 중앙일보, "시진핑 '해양 굴기' 꺾으려는 트럼프… 세계 바다가 뜨겁다", 2024.02.01., https://www.joongang.co.kr/article/25310871.

22) CSIS, "China-owned Chancay Port Set to Become Latin America's Third Largest", February 25, 2025, https://www.csis.org/analysis/china-owned-chancay-port-set-become-latin-americas-third-largest; Container News, "Container throughput rises in Peru", 2025, https://container-news.com/container-throughput-rises-in-peru/.

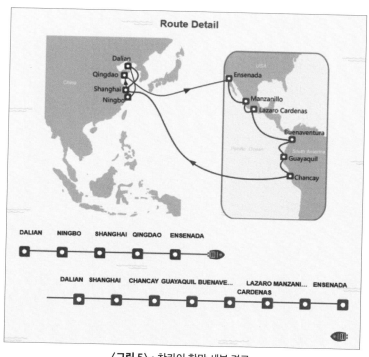

〈그림 5〉· 찬카이 항만 세부 경로.

출처: 원양해운집단(COSCO) 홈페이지, https://en.coscoshipping.com/col/col6923/art/2025/art_c0cc7b
98fe13464aa473c271ede75adf.html.

중국-페루 이동 기간이 35일에서 23일로 12일 단축될 것으로 예
상된다.[23] 더불어, 안데스산맥을 횡단하는 남부대륙간고속도로

---

23) The Maritime Executive, "Port of Chancay Creates New Competition in Latin
America,", July 7, 2024, https://maritime-executive.com/editorials/port-of-

를 통해 브라질까지 연결함으로써 안데스와 태평양을 잇는 새로운 무역 경로를 활성화할 가능성도 제기된다.[24] 이러한 개발은 페루를 아시아-남미 및 안데스-태평양 물류 허브로 자리매김하게 할 잠재력을 보여준다.

찬카이 항만 건설은 강제 주민 이주와 추진 과정에서 정부와 사측의 강압적 태도 등으로 지역 사회와 갈등을 빚고 있다. 또한, 항만 시설이 초래할 환경 오염, 해양 생태계 손상, 인근 어업 활동 제약 등도 주요 우려 사항으로 제기되고 있다.[25] 게다가 도널드 트럼프 2기 정부가 중국의 파나마 운하 지배력 확대를 문제 삼아 미국의 운영권 회수를 주장하며 중국 견제를 노골화한 상황에서, 시진핑 국가주석이 찬카이 항만 개장식에서 이를 "21세기 해상 실크로드"의 상징으로 강조한 점은 라틴아메리카 내 미·중 갈등의 새로운 불씨가 될 조짐을 보인다.[26] 그렇지만 이러한 우려에

---

chancay-creates-new-competition-in-latin-america.
24) 보도에 따르면, 중국은 찬카이항과 브라질 주요 도시를 연결하는 철도 건설을 페루 정부와 논의 중이며, 이를 통해 브라질의 광물과 식량을 중국 상하이항으로 운송할 계획이다. 중앙일보, "시진핑 '해양 굴기' 꺾으려는 트럼프… 세계 바다가 뜨겁다", 2024.02.01., https://www.joongang.co.kr/article/25310871.
25) Business & Human Rights Resource Centre, "Peru: Work on the Chancay Megaport is Reportedly Causing Social and Environmental Impacts," September 25, 2024, https://www.business-humanrights.org/en/latest-news/per%C3%BA-obras-del-megapuerto-de-chancay-estar%C3%ADan-ocasionando-impactos-sociales-y-ambientales/.
26) DW, "Xi Inaugurates South America's First Chinese-Funded Port," November 14, 2024, https://www.dw.com/en/xi-inaugurates-south-americas-first-chinese-funded-port-in-peru/a-70785410.

도 불구하고, 남미 대부분 국가에서 중국이 최대 교역국으로 자리 잡은 현실에서 찬카이 항만은 페루가 중국을 비롯한 아시아 시장과 남미를 연결하는 무역 중심지로 도약할 발판이 될 가능성이 크다.

04 생태 다양성의 국가

라틴아메리카는 전 세계에서 가장 생태 다양성이 높은 대륙 중 하나로 꼽힌다. 페루는 이 지역에서도 특히 극단적인 생태 다양성을 압축적으로 보여주는 국가로 주목할 만하다. 앞서 언급했듯, 페루는 태평양 연안 사막 지대, 안데스산맥, 아마존 열대 우림이라는 세 가지 뚜렷한 지형으로 구분된다. 면적 기준으로 아마존 밀림은 국토의 약 60퍼센트를 차지하며 가장 넓은 지역을 형성한다.[27] 그러나 이 아마존 지역의 인구는 약 400만 명으로 전체 인구의 약 12퍼센트에 불과하다. 한편 안데스 산맥은 국토의 약 35퍼센트를 차지하며, 약 1,200만 명(전체 인구의 약 35퍼센트)이 거주한다.

---

27) 아마존 지역은 남미 9개국에 걸쳐 약 600만 제곱킬로미터에 분포한다. 브라질이 이 가운데 58.4퍼센트로 가장 큰 비중을 차지하고, 페루는 12.8퍼센트로 두 번째로 큰 비중을 점한다. 이어 볼리비아(7.7퍼센트), 콜롬비아(7.1퍼센트), 베네수엘라(6.1퍼센트), 가이아나(3.1퍼센트), 수리남(2.5퍼센트), 프랑스령 가이아나(1.4퍼센트), 에콰도르(1.2퍼센트) 순으로 분포되어 있다. Alejandro Coca-Castro et al., *Land Use Status and Trends in Amazonia*, Report for Global Canopy Programme and International Center for Tropical Agriculture, 2013.

반면, 해안 지역은 국토의 약 12퍼센트에 불과하지만 약 1,800만 명(전체 인구의 약 53퍼센트)이 집중되어 있어 가장 높은 인구 밀도를 보인다.[28] 해안의 높은 인구 밀도는 근대화 초기부터 가속화된 해안 중심의 경제 성장과 도시화에 기인한다. 반면, 아마존과 안데스는 넓은 면적에도 불구하고 지형과 기후가 농업에 적합하지 않아 상당 부분이 자연 상태로 보존되며, 추가 인구 유입이 제한되어 낮은 인구 밀도를 유지한다.[29]

각 지역의 특성을 살펴보면, 해안은 훔볼트 해류의 영향으로 극히 낮은 강수량의 열대 사막 기후를 보인다. 리마는 연중 비가 거의 내리지 않고 '가루아(garúa)'라는 안개가 자주 발생하며, 우산이 필요 없는 도시로 유명하다. 낮은 강수량으로 자연 강수에 의존할 수 없는 해안 도시들은 주로 안데스산맥에서 흘러내리는 강(리마의 경우 리막 강)이나 안데스산맥의 빙하가 녹아 형성된 강물에 수자원을 의존한다. 안데스 산악 지대는 고도에 따라 온대(해발 2,000-3,000미터), 냉대(해발 3,000-4,500미터), 빙설 기후(해발 4,500미터 이상)로 나뉘며, 건기(5-10월 사이)와 우기(11-4월 사이)가 뚜렷하게 구별된다.

---

28) 페루 지형별 경계가 명확하지 않고, 지형에 따른 인구 분포에 대한 명확한 통계가 부족해 페루 국립통계원(INEI) 자료와 인터넷상의 추정치를 종합해 산출한 수치이다.
29) 세계은행과 유엔식량농업기구(FAO) 자료에 따르면, 페루의 경작 가능 면적은 약 4만 4천 제곱킬로미터로 국토의 3.5퍼센트에 불과하며, 이는 한국의 경작 가능 면적 15퍼센트에 비해 매우 낮은 비율이다. 이는 아마존의 산성 토양(경작 가능 비율 1퍼센트 미만)과 안데스의 토양 침식 및 얕은 표토층(경작 가능 면적 4퍼센트 미만) 때문으로 분석된다(World Bank, World Development Indicators 2002, FAO, Global Land Use Statistics 2023).

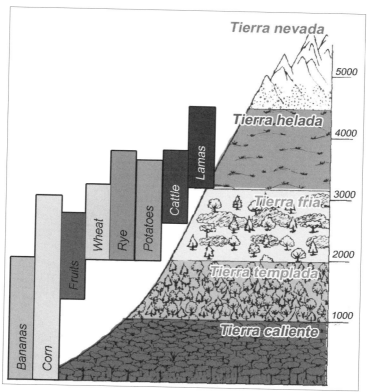

〈그림 6〉· 안데스 고도별 분화.

출처: 위키피디아.

이처럼 고도별 뚜렷하게 구별되는 기후는 생활 방식에도 영향을 미친다. 해발 3,000미터 미만의 중·저고도 지역은 농업과 일상에 적합해 다양한 작물 재배와 풍부한 수자원을 바탕으로 농업이 발전했다. 반면, 해발 3,000-4,500미터의 냉대 기후 지역에서는 심한 일교차와 서리로 농업이 제한적이다. 잉카의 수도이자 페루의 대표적 관광 도시인 쿠스코가 3,400미터로 이에 해당한다. 해발 4,500미터 이상의 빙설 기후 지역은 푸나(puna)라고도 부르며, 이 일대는 극한 추위와 일교차로 인해 거주민이 많지 않다. 그럼에도 푸나는 잉카 이전부터 꾸준히 사람들이 정착했던 곳이기도 하다. 밤이면 영하 5도에서 10도까지도 떨어지는 추위로 인해 이를 견 디낼 수 있는 라마와 알파카 방목 및 감자 재배가 주요 생산 활동 이다.

안데스의 고도별 기후와 자원의 차이는 특정 고도에서 독자적 인 생존을 어렵게 만든다. 이런 이유로 안데스 주민들은 전통적으 로 아이유(ayllu)라는 공동체를 형성, 그 안에 다양한 고도별 정착 지를 포괄하고, 상호 교환 및 협력 네트워크를 통해 생존해 왔다. 존 무라(John Murra)의 '수직 군도(Vertical Archipelago)' 개념은 이러 한 안데스 사회 구조가 고도별 생태 환경에 대한 적응에서 비롯되 었음을 명확히 보여준다.[30]

안데스의 고도에 따른 급격한 기후 변화는 안데스 동쪽 사면 이 아마존 평야로 이어지며 더욱 극단적으로 나타난다. 이 지역은 '안데스-아마존 경사(Andes-Amazon gradient)'로 불리며, 세계에서 가장 극단적인 생태 전환 중 하나로 평가된다. 해발 500-2,000미 터의 접경 지대[셀바 알타(Selva Alta) 또는 융가스(Yungas)로 불림]는 고

---

30) John V. Murra, *El mundo andino: población, medio ambiente y economía*, Pontificia Universidad Católica del Perú, 2002.

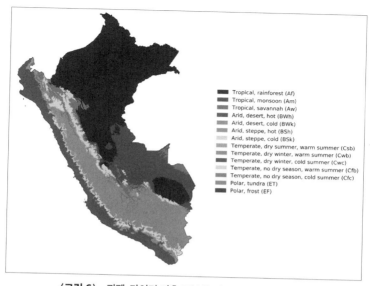

〈그림 6〉· 쾨펜-가이거 기후 구분을 이용한 페루 기후 지도.

출처: 위키피디아. "Present and future Köppen-Geiger climate classification maps at 1-km resolution", Nature Scientific Data.

산 기후에서 열대 기후로 급변하며 다양한 미기후(microclimate)를 형성한다. 이러한 미기후는 극도로 높은 생물 다양성을 낳았으며, 유네스코 생물권 보전 지역으로 지정된 마누 국립공원(Parque Nacional del Manu)이 대표적이다. 해발 500미터 이하의 아마존 저지대는 셀바 바하(Selva Baja)로 불리며 광활한 열대 우림과 강, 동식물 자원에 높은 생태적 의존성, 즉 인간이 생태계의 일부를 구성해 생태계와의 관계에 따라 생존하는 삶의 방식을 특징으로 한다. 셀바 알타가 커피와 코카잎 농업에 적합한 반면, 셀바 바하

는 마니옥, 바나나 등의 화전 농업과 어업이 주를 이룬다.[31] 아마
존의 생태계 의존성과 관련해 프랑스 인류학자 필리프 데스콜
라(Philippe Descola)는 2014년 출간한 저서 『자연과 문화를 넘어서
(Beyond Nature and Culture)』에서 페루 아마존의 자연과 인간의 관계
를 서구적 이분법이 아닌 애니미즘적 관계로 분석하며, 자연을 객
체화하지 않고 관계적 존재로 보는 존재론적 전환을 강조했다. 유
사하게, 브라질의 인류학자 에두아르도 비베이루스 지 카스트루
(Eduardo Viveiros de Castro)는 2017년 저서 『식인의 형이상학(Cannibal
Metaphysics)』에서 관점주의적 접근을 통해 아마존의 모든 생명체가
각자의 관점에서 세계를 경험하며, 인간은 그 일부라고 주장했다.

　페루는 이처럼 급격하게 변화하는 지형과 이에 따른 기후 다양
성과 다양한 미기후(생태 구역, ecological zone)로 높은 생태 다양성을
자랑한다. 이러한 생태적 특성은 풍부한 천연자원뿐만 아니라 약
1,800종의 조류, 500종 이상의 포유류, 300종 이상의 파충류, 그리
고 약 16,000-20,000종에 이르는 식물 종 다양성으로 나타난다.[32]

---

31) 페루 아마존 지역의 세분화는 하비에르 풀가르 비달의 구분법을 참고했다. Javier
　　Pulgar Vidal, Geografía del Perú: Las Ocho Regiones Naturales del Perú, Universo S.A.,
　　1979.
32) 페루 환경부(MINAM)에 따르면, 페루의 식물 종 수는 19,174개이고 이 가운데 고
　　유종(endemic species)은 약 7,590종으로 전체의 약 40퍼센트를 차지하여, 매우 높
　　은 수준의 고유성 비율을 보인다(MINAM, Sexto informe nacional sobre diversidad
　　biológica: la biodiversidad en cifras, 2019, https://cdn.www.gob.pe/uploads/
　　document/file/360831/La_Biodiversidad_en_Cifras_final.pdf). 물론 절대적 다양성
　　에 있어서는 브라질이 압도적으로 앞선다. 그러나 면적 대비 다양성에서는 페루가
　　약 2.4배 더 많은 종을 1킬로미터당 보유하고 있다(Mongabay, "The Top 10 Most
　　Biodiverse Countries", May 21, 2016, https://news.mongabay.com/2016/05/top-

존 무라의 안데스 연구와 필리프 데스콜라의 아마존 연구가 보여주듯, 페루의 문화는 이러한 다양한 생태 환경에 적응하며 형성되었고, 이는 문화 다양성으로 이어졌다. 생태적 차이와 문화적 차이가 독창적으로 융합되어 표출되는 점이야말로 페루의 진정한 매력이라 할 수 있을 것이다.

10-biodiverse-countries/).

제 2 장

안데스 고대 문명과 식민화:
안데스적 가치에 대한 통시적 접근

안데스 문명의 중심지였던 페루에는 남미에서 가장 많은 원주민들이 거주하고 있다. 2017년 페루 통계청(INEI)이 실시한 인구조사에 따르면, 약 597만 명(전체 인구의 약 25퍼센트)이 스스로를 원주민으로 규정했으며, 이는 남미의 대표적 원주민 국가인 볼리비아의 약 410만 명(전체 인구의 약 41퍼센트)보다 많다. 그러나 원주민 집단 수에서는 브라질이 압도적이다. 2022년 브라질 정부는 304개 원주민 집단을 인정했으며, 인구는 약 169만 명으로 집계되었다.[1] 원주민 구성에서 이 같은 차이는 콜럼버스 이전 시대부

---

1) 라틴아메리카에서는 식민지 시대부터 진행된 인종 혼합이 독립 이후 근대화 과정에서 노동 이주 등을 통해 가속화되며, 원주민들이 자신의 인종 정체성을 유연한 기준으로 정의하는 경향이 많다. 이로 인해 원주민 인구를 정확히 추정하기란 사실상 불가능하며, 조사 방식에 따라 수치가 크게 달라진다. 본문에서는 각국의 최신 인구조사 결과를 기준으로 삼았으며, 페루 2017년 국립통계청(INEI), 볼리비아 2012년 국립통계청(INE), 브라질 지리통계원(IBGE) 2022년 통계 자료를 참고했다. 이를 종합하면, 라틴아메리카에서 원주민 집단 수가 가장 많은 국가는 브라질로 305개 집단(약 169만 명)이 공식 인정되었고, 원주민 인구가 가장 많은 국가는 페루로 약 597만 명이며, 원주민 비중이 가장 높은 국가는 볼리비아로, 15세 이상 인구의 약 41퍼센트가 스스로를 원주민이라고 정의했다.

터 안데스산맥 고지대에서 대규모 농경 공동체를 형성한 케추아 족과 아이마라족이 페루, 볼리비아, 에콰도르 이 세 중부 안데스 국가에 집중된 반면, 브라질 원주민은 주로 아마존 밀림에서 독립 적으로 생활하는 소규모 집단으로 구성되었기 때문이다. 물론 페 루 역시 브라질에 이어 가장 큰 아마존 열대 우림 지역을 보유하 며, 4개 안데스 원주민 집단과 51개의 아마존 원주민 집단을 공 식 인정하고 있다. 그러나 전체 원주민 중 케추아족이 약 85퍼센 트, 아이마라족이 약 11퍼센트로, 안데스 원주민이 압도적인 비중 을 차지한다. 이런 이유로 페루의 원주민 연구는 주로 안데스 고 산 지대의 케추아족과 남부 지역의 아이마라족을 대상으로 이루 어져 왔다. 이들의 선조가 남긴 유적과 유물, 그리고 현재를 살아 가는 후손들은 안데스 고대 문명의 실마리를 찾고자 하는 학자들 에게 끊임없이 영감을 제공한다. 페루의 원주민 문화를 깊이 이해 하려면 과거로 거슬러 올라가 그들의 삶을 되짚고, 역사적 격변에 도 불구하고 원주민 문화가 어떻게 연속성을 유지해 왔으며, 고유 의 가치를 지켜왔는지 살펴볼 필요가 있다. 이런 의미에서 이 장 에서는 안데스 고산 지대 문명, 특히 잉카 제국의 설립과 스페인 에 의한 정복 및 식민화 과정을 통해 원주민의 삶이 어떻게 변화 하며 이어져 왔는지 조명한다.[2]

---

2) 이 장의 잉카 종교, 젠더, 식민시대 안데스에 대한 서술은 필자의 다음 연구 논문을 주로 참조했다. 강정원, 「식민시대 안데스의 젠더: 원주민 여성을 중심으로」, 《라틴 아메리카연구》, 27(4): 91-126쪽, 2014; 강정원, "Coping with Colonialism: Mita and Indian Community in the Colonial Andes", 《이베로아메리카연구》, 24(1): 1-35쪽,

01 안데스적 가치와 잉카 제국

페루의 저명한 인류학자 카를로스 이반 데그레고리(Carlos Iván Degregori)는 2000년 출판한 페루 인류학에 대한 종합서인 『이보다 더 다양한 국가는 없다: 페루 인류학 총서(No hay país más diverso: Compendio de antropología peruana)』의 서문에서 인류학이 단순한 '타자'에 대한 연구를 넘어서 다양한 정체성을 가진 '우리'를 구축하는 데 기여했다고 주장한다. 여기에서 그는 20세기 중반 페루 인류학의 주류로 자리 잡은 접근법으로 '안데스 패러다임(paradigma andino)'을 언급하는데, 이는 20세기 초반 원주민 문화를 통해 페루의 정체성을 탐구했던 호세 마리아 아르게다스(José María Arguedas), 루이스 발카르셀(Luis Valcárcel) 등의 '인디오주의(indigenismo)' 사상에 영향을 받아 안데스 농민 공동체가 이상주의적 안데스적 가치를 표상한다고 보고 이들로부터 자본주의 현실의 모순을 극복하기 위한 대안을 찾으려 한 시도를 의미한다. 이 책에서 데그레고리는 이 같은 안데스적 패러다임이 위기를 맞았다고 주장하며, 안데스 농민 공동체가 실상은 근대화를 거치며 극도로 혼종화되고 이질적인 모습을 띠고 있다고 그 한계를 언급한다. 그럼에도 안데스적 가치와 세계관 및 그들의 농업 기술을 현

2013. 또한 잉카에 대한 기술은 『문명, 인류를 밝히다』(전남대학교 박물관 문화전문도서 13, 심미안, 2024)에 수록된 필자의 글 「세계의 배꼽을 품은 잉카 제국과 안데스 문명」에서 일부 발췌했다.

대적 생태학과 인식론에 접목하려는 시도는 계속되어 왔다. 대표적으로 21세기 라틴아메리카 원주민 운동과 탈식민주의 흐름이 결합된 정치문화적 실험이었던 볼리비아의 2009년 신헌법과 에콰도르의 2008년 신헌법은 안데스적 가치를 국가 정체성의 근간이자 국정 핵심 원칙으로 채택하기도 했다. 그렇다면 안데스적 가치라고 부를 수 있는 요소들은 무엇이 있을까? 남아메리카뿐만 아니라 콜럼버스 이전 아메리카 전역에서 가장 팽창주의적이었던 잉카 제국의 설립은 안데스 문화 전통에 어떠한 변화를 가져왔을까?

1) 상호 연결성과 순환론적 인식에 바탕을 둔 파차 우주론

잉카인들은 서기 1200년 무렵 쿠스코에 등장했던 것으로 추정된다. 케추아어가 구술 언어로 메소아메리카의 마야어(마야 도시국가의 언어)와 나우아틀어(아스테카 제국의 언어)와는 달리 활자화된 기록을 남기지 않았고, 구체적 사실은 스페인 식민지 시대 가르실라소 데 라 베가(Garcilaso de la Vega)와 같은 스페인 정복자들의 연대기와 구전 신화 및 고고학적 발굴들에 주로 의존하기 때문에 잉카인들의 기원은 여전히 논란의 대상이다. 그럼에도 티티카카(Titicaca) 기원설과 파카리탐보(Pacaritambo) 기원설이 가장 유력한 가설로 수용되고 있다. 티티카카 기원설은 서기 400-1000년경 티와나쿠(Tiwanaku) 문명이 번성했던 지역으로, 자연스럽게 이 관점에서는 잉카가 티티카카를 계승했다는 가설을 전제로 한다. 잉카 신화의 창조신 비라코차(viracocha)가 티와나쿠에서 나와 북으로 이동했다는 신화가 그 근거로 제기되며, 잉카 이전 안데스 남부 지역을 기반으로 고도로 발달한 농업과 건축술을 보유했던 티와나쿠와 잉카를 연결 짓는 사고는 충분히 매력적인 가설이다. 또한 두 문명 모두 수도를 세계의 중심으로 여기고, 수도를 중심으로 전국을 4등분하여 통치하는 행정 체계를 갖추고 있었고, 자신들의 수도[티와나쿠의 경우 타이피칼라(taypicala, 아이마라어로 '가운데 있는 돌'을 의미하며, 티와나쿠가 당시 통용되던 이름), 잉카의 경우 쿠스코]를 중심으로 세계를 제5의 방위로 나누는 점이 유사하다. 이어 종교관에서도 유사한데, 티와나쿠를 대표하는 유물인 '태양의 문(La Puerta del Sol)'은 이들이 태양을 숭배하고 태양과 군주를 동일시했음을 시사하며, 이는 태양신인 인티(inti)를 군주와 동일시하는 잉카와 상통한다. 하지만 티와나쿠 본거지인 티티카카 호수와 쿠스코의 물리적 거리, 양 지역 간 이동의 흔적을 보여주는 고고학적 유물의 부재, 잉카인들과 티티카카 일대 부족들과의 불화 등을 고려하면 잉카를 티와나쿠의 계승자로 보는 시각은 무리가 있다. 한편 파카리탐보(기원의 동굴로 해석이 가능) 기원설은 잉카인들이 쿠스코 남쪽약 30킬로미터에 위치한 파카리탐보라는 동굴에서 나와 쿠스코 계곡에 정착했다는 가설로 만코 카팍(Manco Cápac)과 마마 오크요(Mama Ocllo), 그리고 그들의 형제들이 비라코차의 명령으로 탐보토코(Tambotoco)라는 동굴에서 나와 쿠스코를 건설했다고 하는 잉카 신화에 근거한다. 이들은 태양신 인티의 자손으로, 황금 지팡이가 땅에 박힌 곳(쿠스코)을 정착지로 삼았다고 전해진다. 앞의 가설과 달리 파카리탐보 기원설은 12-13세기경으로 추정되는 초기 정착 흔적에 대한 고고학적 유적이 일부 발굴되며 보다 설득력을 얻게 되었고, 파카리탐보와 쿠스코의 가까운 거리 역시 이 가설에 힘을 실어주는 요인이다. 잉카 문명 연구의 대가로 인정받는 미국의 고고학자 존 로우(John H. Rowe)는 가르실라소 데 라 베가의 『스페인 연대기(*Commentarios Reales*)』와 고고학적 자료를 종합해 파카리탐보 기원설을 수용하고, 그 구체적 연대기를 기술한다. 로우의 잉카 기원설은 이후 잉카 연구에서 권위 있는 해석으로 널리 수용되어 왔다. 그럼에도 여전히 다양한 가설들이 꾸준히 제기되어 왔는데 미국의 고고학자 마이클 모슬리(Michael Moseley)의 쿠스코 지역 토착 기원설, 고든 매큐언(Gordon McEwan)의 와리 문명 후계자설 역시 영향력 있는 가설들로 평가받고 있다. 한편 이처럼 단일한 전통에서 잉카의 기원을 찾기보다는 와리, 티와나쿠, 쿠스코 토착 집단 등 다중의 문화 전통들이 융합되어 형성된 문화 전통이 잉카라고 보는 가설도 존재한다. 여기에서는 이들 다양한 설명 가운데 다중 기원설의 관점을 받아들여 당시 안데스 고산 지대를 중심으로 산재되어 있던 다양한 문화적 전통들을 잉카가 흡수하고 융합했다고 가정한다.

신정국가이자 다신교였던 잉카는 기존의 지역 신앙(티와나쿠의 비라코차, 모체의 자연신들)을 통합해 비라코차를 창조신으로 하여 아버지 신인 태양(inti, 인티)과 어머니 신인 달(quilla, 키야)을 최상층 신성으로 하여 계층화되고 중앙집권적 종교 체계를 구축했다. 잉카 황제(Sapa Inca, 사파 잉카)는 비라코차의 후손임을 강조하여 권력의 정당성을 확보했고, 동시에 인티의 아들로 불리며 신성성을 부여

받았다. 비라코차와 인티에 대한 숭배 의례는 황제를 중심으로 하는 중앙집권 체제를 영속시키는 주된 기제가 되었다. 여기에 특정 신들을 계층적으로 조직해 지역적 믿음을 세세하게 포괄했다. 이들 특정 신성들에 대한 믿음은 정복 이전 안데스 지역 내에서 다양한 종족 집단들에서 이어진 것으로, 비라코차, 인티, 키야와 같은 극도로 추상적인 개념의 신성과는 달리 일상의 자연 현상, 질병, 생산 활동, 전쟁 등에 대한 관념을 포괄하는 구체성을 지녔다. 이러한 하위 신성의 대표적 사례들로는 파차마마(pachamama, 대지 모신), 이야파(illapa, 천둥과 비의 신), 아푸(apu, 산신), 수파이(supay, 지하 세계와 죽음의 신) 등이 있었으며, 상황적, 지역적 맥락에 따라 숭배의 대상이 되었다. 잉카의 종교에서 또한 흥미로운 신성은 와카(huaca, 신성한 것, 또는 영적인 존재)인데, 실로 다양한 대상을 포괄할 수 있었다. 앞서 언급한 신격들이 특정한 대상을 포괄하는 반면, 와카는 물리적 장소, 자연 형상, 인공물, 사람, 사건 등을 모두 포함할 수 있는 유연한 개념이며 인간과 파차(pacha)라고 부르는 우주적 질서의 매개체로 인식되었다. 예를 들어 산은 아푸로 의인화되지만 각 산마다 독립적인 와카로 숭배가 되었고, 물도 생명의 원천으로 와카로 여겨졌다. 특이한 모양의 바위나 동굴도 영적인 힘이 깃든 와카로 숭배되었고, 별자리나 번개로 이야파와 연계된 와카로 인식되었다. 인공적인 사물로 와카가 되기도 했는데, 예를 들어 마추픽추의 태양석(intihuatana, 인티와타나)은 태양과 연계된 와카로 천문 의식에 사용되었다. 마찬가지로 특정한 사건이나 중요한 전투에서의 승리가 와카로 숭배받기도 했다. 와카에 대한 믿음은 모체나 나스카 등 이전의 안데스 문화 전통에서도 존재하던 신앙이 이식된 결과이며, 자연을 단순한 물질적 대상이 아닌 생명력과 영성을 지닌 존재로 인식하는 안데스적 세계관을 투영한 개념이다. 이에 따라 산, 강, 바위와 같은 자연 요소는 신성이 깃들어 인간과 상호작용하는 실체로 인식되었고, 인간은 이에 따라 농사와 같이 자연을 대상으로 하는 일상생활의 영위를 위해 신성한 자연에 존경을 보이는 숭배 의식을 통해 인간과 자연의 조화를 꾀했다.

와카 개념은 또한 잉카의 우주론과도 연계되는데, 와카가 개별적 신성함의 구체적 표현이라면 다층적인 와카가 모두 포괄되는 전체는 파차(pacha)라는 개념으로 케추아어로 우주를 의미한다. 잉카는 세계가 아난 파차(hanan pacha), 카이 파차(kay pacha), 우쿠 파차(uku pacha)의 세 개의 층으로 구성된다고 보았다. 아난 파차는 상층 세계이며 인티와 마마키야가 거주하는 곳으로 신성과 영적 존재가 속한 곳이다. 사후 영혼이 가는 곳으로 특히 고귀한 자들이 사후 이곳에 간다고 믿었다. 카이 파차는 지상 즉 인간과 자연이 속한 곳으로 이곳을 관장하는 신은 대지모신인 파차마마이며, 이곳의 질서는 인간과 자연의 상호작용이다. 마지막으로 지하 세계를 뜻하는 우쿠 파차는 죽음, 재생, 순환의 근원이다. 지하 세계를 관장하는 신은 지하의 신 수파이(supay)로, 위험하고 혼돈스러운 상징으로 인식되었다. 잉카의 우주론에서 이세 층의 세계는 순환적으로 상호 연결되어 있고, 이는 삶과 죽음의 순환으로 나타난다. 잉카 이전 안데스의 차빈 문화에서 란손

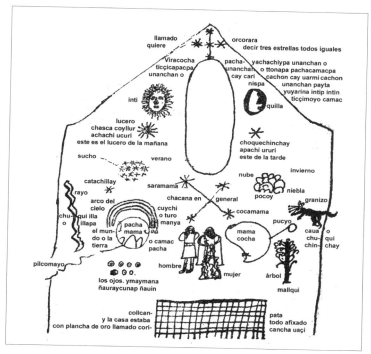

〈그림 1〉 · 잉카의 우주론.

출처: 위치피디아.

이 하늘과 땅을 연결하는 존재로 인식되었던 관념이 가장 초기
의 파차 우주론의 표현으로 보이며, 이후 티와나쿠의 '태양의 문'
에서 상징하는 하늘과 땅의 조화, 와리 문화에 나타난 농업 의식
에서 대지와 하늘의 상호작용에 대한 의식도 파차 우주론과 유
사한 인식을 보여준다는 점에서 상통한다. 파차 우주론은 잉카의
삶과 의례 전반에 고루 반영된다. 예를 들어 잉카에서 연례 종교

의례의 주축이 되는 6월 동지(6월 24일)의 태양 축제인 '인티 라이미(inti rymi)'는 케추아어로 '태양의 축제'를 뜻하는데, 태양이 가장 약해지는 겨울 동지에 인티에게 힘을 북돋아주고, 상층 세계인 아난 파차에 거주하는 태양신 인티의 힘이 지상 세계인 카이 파차로 전달되어 생명이 유지되게 하려는 의도라는 점에서 순환성을 상징한다. 이 시기는 농사를 준비하는 파종 시기가 시작되는 시점으로 대지모신 파차마마와 태양신 인티의 상호작용과 조화가 가장 절실한 시기이며, 동시에 제물을 땅에 바치는 행위를 통해 지하 세계인 우쿠 파차와의 연계성을 강화해 재생을 기원하는 의미를 가진다. 파차 우주론은 잉카의 수도 쿠스코의 공간적 상징에 직접 적용되는데, 잉카는 쿠스코를 '세계의 배꼽'이라고 부르며 파차의 중심으로 간주했다. 즉 우주의 축으로 아난 파차, 카이 파차, 우쿠 파차가 만나는 접점이다. 1438년 집권한 잉카 제국의 설립을 알렸던 파차쿠티(Pachacuti) 황제는 쿠스코의 대대적 재건축을 통해 쿠스코를 제국의 중심지로 견고하게 자리 잡게 했으며, 이 과정에서 이 같은 파차 우주론의 상징이 적극 적용되었다. 잉카의 행정 체계 역시 파차 우주론에 근거하며, 잉카 제국의 지리적이고 정치적 실체를 의미하는 타완틴수유(tawantinsuyu, 네 개의 지역)는 쿠스코를 중심으로 친차이수유(chinchay suyu, 북서부), 안티수유(anti suyu, 북동부), 콘티수유(contisuyu, 남서부), 코야수유(collasuyu, 남동부)의 네 방위로 나뉜다. 이처럼 잉카는 기존의 안데스적 가치를 중앙집권적 제국 체제에 맞게 변형해 수용했고, 이 가운데 파차마마 숭배는 인티 중심의 국가 종교로 재편되어 수용되었다. 그 과정에서 파차 우주론의 구체적 해석을 통해 순환론적, 상호연속적 세계관에 바탕을 둔 안데스적 정체성을 유지했으며, 이는 가장 팽창주의적이었던 잉카가 다양한 민족과 지역을 하나의 제국으로 통합하면서도 균형을 유지하는 기반이 되었다.

2) 상호 호혜성과 공동체적 생활

앞서 안데스의 생태 환경을 설명하며 존 무라(John Murra)의 '수직 군도(vertical archipelago)' 개념을 언급한 바 있다. 수직 군도 개념은 안데스의 경제적, 사회적 조직을 압축적으로 설명하는 중요한 개념으로 안데스 문명 특히 잉카 제국에서의 생태 적응과 공동체 관계를 이해하기 위한 중요한 틀이 될 수 있다. 안데스 고산 지대는 해발 고도에 따라 기후와 생태 구역이 급격히 변화하기 때문에 각 구역은 각각의 고유한 자원을 보유한다.[3] 따라서 안데스에서

---

3) 존 무라에 따르면 안데스 생태층은 해발 고도에 따라 다음과 같이 분류된다. ▲융가스/차코 저지대(고도 0-1,000미터): 열대성 기후로 주로 코카 잎, 과일 등 재배. ▲케추아 지대(고도 2,300-3,500미터): 상대적으로 온화한 저지대로 주로 옥수수, 콩, 호박 등을 경작하는 핵심 농업층. ▲수니 지대(고도 3,500-4,000미터): 안데스 고원의 낮은 고지대로 차갑고 건조한 기후, 키누아, 카니와, 키위차, 감자 등 전통 뿌리작물과 곡식 생산에 적합, 다양한 농작물 생산 가능, 농업 한계선에 근접하며 테라스 농법 활용 ▲푸나 지대(고도 4,000-4,800미터): 한랭한 고지대로 낙타류 가축 사육에 적합, 볼리비아 알티플라노를 제외하면 농업에는 부적합, 목축 중심이며 고지대 공동체 생존에 필수적인 단백질과 알파카 털 제공 ▲코르디예라 지대(고도 4,800미터 이상): 안데스산맥의 최고봉으로 만년설로 인해 생물이 거의 없는 극단적 환경, 이 일대 빙하는 저지대 농업 관개에 이용되며, 아푸(산신)의 영역이자 산 정상은 와카로 숭배. John V. Murra, *El mundo andino: población, medio ambiente y economía*, Lima:

는 자체적으로 자원을 확보하는 자급자족적 교역을 실현하기 위해 내부적 분배를 채택했고, 이는 한 민족 집단이 상이한 해발 고도의 여러 생태층을 모두 포괄하고, 각 구역에 정착지를 설립해 정착지 간 물물 교환을 하는 전략을 취했다. 예를 들어 고지대 푸나(해발 고도 4,000미터 이상)에서 라마나 알파카를 키우는 공동체는 저지대(해발 고도 2,000미터 이하) 코카 잎을 재배하는 공동체와 자원을 교환했고, 이들 공동체는 혈연과 사회적 관계로 연결되는 하나의 친족 공동체, 즉 '아이유(ayllu)'를 형성했다. 수직 군도 개념이 표상하듯 군도처럼 분산된 생태 구역을 수직성을 바탕으로 하나의 통합된 사회적 단위로 연결하는 방식은 가뭄 등으로 인한 환경적 위험을 분산시키고, 공동체 내에서 상대적으로 안정적으로 다양한 식량과 자원이 접근 가능하게 했다. 무라의 수직 군도 개념은 안데스의 사회관계가 이처럼 상호 호혜성(reciprocidad)과 재분배의 원칙에 기반을 두고 있었으며, 그 과정에서 아이유가 가장 기본적인 사회 단위로 기능하게 되었다는 해석으로 이어진다.

아이유는 '와마니(wamani)'와 더불어 잉카 제국 경영의 핵심적인 단위였다. 먼저 와마니를 설명하면, 잉카는 네 개의 수유를 세부적으로 와마니라고 불리는 구역으로 분류했고, 제국 전역에 걸쳐 86개 이상의 와마니가 형성되었던 것으로 추정되는데 이 가운데 최소 48개는 고산 지대에 그리고 최소 38개는 해안 지대에 분

IEP/Pontificia Universidad Católica del Perú, 2002.

포되어 있었던 것으로 추정된다.[4] 와마니를 분류하는 주요 기준은 해당 지역 거주민들의 종족성과 언어였다는 의견이 지배적이지만, 와마니를 기본 단위로 하는 행정구역이 종족적 동질성을 바탕으로 했다는 주장에 반대하는 의견들도 제기되어 왔다.[5] 제국 운영의 핵심 단위로서 와마니는 조세의 기본 단위였고, 잉카 제국의 영토 확장이 지속되면서 각 지역별로 특화되는 생산품을 세분화하여 지역별로 관리하는 기준으로 활용되었다. 이처럼 와마니가 제국 경영의 핵심 행정 단위였던 반면, 쿠스코와 와마니의 고원 지역은 아이유로 세분화되었다. 아이유는 잉카 제국의 핵심 통치 영역이었던 쿠스코와 고원 지역의 사회적, 경제적 기본 단위로 잉카 이전부터 안데스 지역에 오랫동안 이어져 오던 전통이었다.[6] 안데스 고원 지대의 초기 문명인 차빈의 계단식 농법과 관개 시스템이 아이유와 같은 구조의 집단적 협력을 토대로 했을 것으로 추정되며, 티와나쿠와 와리 문명에서도 집단적 노동과 공동체 조직의 흔적들이 발견된다. 존 무라의 수직 군도 개념이 시사하듯 상이한 생태층에 따른 자원의 분산에 안정적이고 효율적으로 대응하기 위한 협력과 상호부조의 실천인 아이유는 이처럼 생태 환경

4) Gordon F. McEwan, *The Incas: New Perspectives*. W.W. Norton & Company, 2008.
5) César W. Astuhuamán Gonzáles, "The concept of Inca province at Tawantinsuyu Indiana", *Ibero-Amerikanisches Institut Preußischer Kulturbesitz*, Vol. 28, pp. 81-85, 2011.
6) 이와 관련해서는 다음을 참고하기 바란다. María Rostworowski, *Historia del Tahuantinsuyu*, Instituto de Estudios Peruanos, 1988.; María Rostworowski, *Etnía y Sociedad: Costa Peruana Prehispánico*, Instituto de Estudios Peruanos, 1977.

에 대한 안데스인들의 대응 전략이었고, 동시에 공동체적 협력과 조화를 중요시하는 세계관의 발현이기도 했다. 페루의 저명한 인류학자인 마리아 로스트워로프스키(María Rostworowski)는 아이유의 자원 분배와 노동 조직이 지도자의 정치적 판단에 밀접하게 연결되어 있었다고 해석하며 아이유가 정치와 경제가 통합된 조직이었다고 강조한다.

잉카는 이처럼 안데스 전역에서 존재하던 전통인 자율적이고 다기능적 공동체 전통인 아이유를 제국에 흡수해 정치와 경제의 핵심 단위로 활용했다. 먼저 정치적인 측면에서 잉카는 앞서 언급했듯 보다 큰 행정 단위인 수유와 와마니의 하부 단위로 아이유를 설정해 행정 단위를 통합적으로 계층화했다. 각 아이유는 지역 지도자인 쿠라카(curaca)가 관리했고, 쿠라카는 황제의 명령을 받아 지방을 통치하는 매개자 역할을 했다. 쿠라카의 주된 업무는 인구 조사, 노동력의 배정과 노동 공납 등의 조세 징수였고, 잉카는 피정복 지역의 아이유의 일정한 자율성을 보장하는 대신 쿠라카를 충성 서약으로 중앙 권력에 복속시켰다. 만약 제국에 반항적인 아이유가 있다면 이들을 다른 지역으로 강제 이주시키는 재배치(mitimae) 정책을 통해 이들의 영향력을 약화시켰고, 대신 충성적인 아이유를 재배치했다. 이러한 행정적 조치 이외에도 정치권력 강화를 위해 잉카 귀족과 쿠라카와의 결혼을 통한 혈연적 유대 강화도 활용되었다. 또한 각 아이유에게 지역 내 와카 숭배를 유지할 수 있게 하면서도 국가 의식에 참여하도록 강제해 종교적 충성을 정치적 통합에 연계시켰다. 경제적인 측면에서도 아이유는 잉카의 제국 경영에 핵심적인 역할을 수행했다. 잉카는 제국을 삼분화해 태양(종교), 국가(황제와 군대), 아이유(공동체)가 나누어 관리하도록 했고, 아이유의 토지는 공동체 소유로 공동체 구성원들이 협력하여 경작하게 했다. 여기에 아이유의 생태층 간 물물 교환이 결합되어 각각의 아이유는 자급자족을 위한 상당히 안정적인 자원을 확보할 수 있었다. 아이유 공동체 단위의 경제적 안정은 제국의 경제적 안정으로 이어졌으며, 각 아이유가 잉여 농산물을 국가 창고에 저장하게 하여 자연재해, 전쟁 등으로 비상 물자가 필요할 때 공급될 수 있게 했다. 아이유의 전통적 호혜성을 상징하는 아이니(ayni, 케추아어로 상호부조를 의미)[7]에 대한 적극적 재해석도 이루어졌다. 아이니는 안데스 고산지대 농업 사회의 생존 전략으로 상호 신뢰와 필요에 기반을 둔 품앗이 전통이다. 안데스인들은 아이니를 통해 공동체의 결속력을 강화했고, 때로는 공동 노동인 밍카(mink'a)를 통해 협력이 필요한 일에 힘을 모았다. 잉카는 아이니를 국가 차원으로 확장해 황제에 대한 공납의 논리로 적용했고, 미타(mita)라는 노동 공납 제도를 만들어 국가의 기간 시설 구축 등 집단적 노동이 필요한 사안에 동원했다. 마추픽추 역시 여러 아이유의 미타 노동으로 완성되었던 것으로 보인다. 각각의 아이유별로 지역 맥락에 따라 특정한 역할이 부여되기 마련이었는

---

7) 아이니가 상호 부조라는 사회적 관계를 의미하는 데 주로 쓰인다면, 상보성을 의미하는 철학적이고 관념적인 개념으로 케추아어 '얀틴(yantin)', 아이마라어 '야나차(yanacha)'가 있다.

데, 예를 들어 쿠스코 인근 아이유는 황제 직할지로 농업과 의식을 담당했고, 티티카카 호수 주변 코야수유 아이유는 주로 감자와 라마를 생산해 국가에 공납했으며, 북부 친차이수유 아이유는 주로 코카 잎과 금속을 공급하고, 잉카 도로망 구축을 위한 미타에 동원됐다. 이처럼 잉카는 아이유의 자치성과 안정성을 보장해 이들이 지속될 수 있게 하면서도 동시에 쿠라카와 미타를 통해 이들을 중앙집권 체제에 통합시켰다. 그럼에도 아이유의 기본 원리인 아이니와 같은 호혜성을 제국 경영의 기본 철학으로 수용하여 안데스적 정체성을 강화하고, 문화적, 심리적 통합이 가능하게 했다.

02 스페인 식민화에 따른 안데스적 가치의 훼손

1532년 11월 16일, 잉카의 13대 황제 아타왈파(Atahualpa)는 약 5천 명 내외의 수행원을 이끌고 화려한 가마에 앉아 스페인 사절단이 제안한 프란시스코 피사로(Francisco Pizarro)와의 회담에 참여하기 위해 등장했다. 당시 아타왈파는 아버지이자 11대 황제 와이나 카팍(Huayna Cápac)의 아들이자 자신의 이복형제인 와스카르(Huascar)와의 5년 가까이에 걸친 황제 계승 분쟁에서 승리하고 쿠스코를 떠나 북부에 위치한 카하마르카에서 휴식을 취하던 참이었다. 수만 명의 군대를 이끌고 쿠스코를 장악하고 황제직을 되찾았던 경험은 아타왈파에게 군사적 우위를 확신하게 했을 것이다.

당시 아타왈파가 피사로가 이끄는 180명 규모의 부대를 위협으로 느끼지 않았기 때문에 비무장 상태로 회담에 응했다고 전해지는데, 내전에서 거둔 승리로 인한 자신감도 한몫을 했을 것이다. 하지만 허망하게도 만난 지 2-3시간 내에 잉카 수행원들의 수천 명이 사망하고 아타왈파는 인질로 생포된다. 아타왈파가 허망하게 피사로에게 생포되고, 이듬해 7월 처형당하기까지 판세를 역전시킬 만한 그렇다 할 잉카 측 반격이 없었던 직접적 원인은 이처럼 황제와 잉카 지도부의 정보 부족과 과신으로 인한 오판, 스페인 군사 기술의 우월성, 천연두 확산 등이 작용했다. 이에 더해 이제는 필독서가 된 재러드 다이아몬드의 『총, 균, 쇠』에서 설명하듯 농업, 문자, 지리적 요인과 같은 환경적, 역사적 요인이 잉카를 비롯해 아메리카 고대 문명이 유럽에 정복되는 결과로 이어졌다.

식민지 시대 초반 스페인 식민 정부는 효과적이고 신속한 식민화를 위해 스페인 정착민들과 원주민들의 인종 간 결합을 장려했다. 한 연구에 따르면 정복 초반 식민지에 도착했던 스페인 사람들 가운데 80퍼센트에서 심지어 94퍼센트까지 남성이었던 것으로 보고되었고,[8] 이 상황에서 인종 간 혼혈(miscegeation)을 장려하는 왕실의 정책은 스페인 남성과 원주민 여성 간 결합의 급속한

8) Elizabeth A. Kuznesof, "Ethnic and Gender Influences on 'Spanish' Creole Society in Colonial Spanish America", *Colonial Latin American Review*, Vol. 4, No. 1, pp. 153-176, 1995.

〈그림 2〉 · 피사로와 회견하는 잉카의 마지막 황제 아타왈파.

출처: 와만 포파 데 아얄라(Felipe Huaman Puma de Ayala)의 『새로운 연대기와 좋은 정부(*Nueva corónica y buen gobierno*)』 1615.

증가로 이어졌다. 이 관계들은 대부분 정식 혼인 서약을 거치지 않은 채 혼외 관계로 끝나기 마련이었지만 정치적, 경제적 이익을 위해 잉카 귀족 가문 여성들과의 정략 결혼을 추구하는 스페인 정복자들의 사례도 많았다. 잉카 역사와 정복에 대한 고전인 존 혜밍(John Hemming)의 『잉카 정복(The Conquest of the Incas)』에서는 이러한 정략결혼 사례들을 상세히 기술하고 있다. 이 책에 따르면 스페인 정복자들뿐만 아니라 때로는 잉카 통치자들도 정치적 동맹이나 경제적 특권을 보장받기 위해 정략 결혼을 적극 활용했다. 대표적으로 아타왈파는 프란시스코 피사로에게 자신의 이복누이이자 와이나 카팍의 딸인 이네스 와이야스(Inés Huayllas)를 넘기며 협상을 시도했다. 이네스는 피사로와의 사이에서 두 명의 자식을 두었고, 이후 피사로의 부하이자 추후 리마의 통치관이 될 프란시스코 데 암푸에로(Francisco de Ampuero)와 결혼했다. 와이나 카팍의 또 다른 딸이자 당시 쿠스코에서 가장 명망 높은 잉카 상속자였던 베아트리스 와이야스(Beatriz Huayllas)는 스페인 정복자 망코시에라(Manco Sierra)의 정부였고, 이후 스페인 사람 페드로(Pedro de Bustinza)와 결혼했으며, 그가 암살당하자 이번에는 스페인 재단사 디에고 에르난데스(Diego Hernández)와 결혼했다.[9]

하지만 정복이 마무리되고 식민지가 안정화됨에 따라 스페인은 늘어나는 혼혈 인구가 사회 질서를 위협하는 요소가 된다고 판

---

9) John Hemming, *The Conquest of the Incas*, Basingstoke and Oxford: Pan Macmillan Ltd., 1993.

단했고, 원주민과 스페인의 분리를 통해 상호작용을 최소화하기 위한 두 개의 공화국 정책으로 선회하게 된다.[10] 1542년 공포된 인디아스 신법은 기존의 모호하던 원주민 지위를 스페인 왕의 자유로운 신민으로 규정했고, 원주민은 이에 따라 스페인 왕실의 간접적 통치를 받으며 공납과 노동력을 제공하는 역할을 부여받았다. 두 공화국 정책은 도시를 기반으로 스페인 정착민들과 그들의 흑인 노예들로 구성된 스페인 공화국(República de Españoles)과, 원주민 공동체를 대상으로 상대적 자율성과 공동 생산의 기반이 되는 토지를 제공하고, 대신 세금과 노동력 제공의 역할을 부여받은 원주민 공화국(República de Indios)을 말한다. 그럼에도 계속되는 혼혈의 증가로 둘 간의 경계가 모호해지곤 했지만 이는 일정 정도 원주민들이 자신들의 고유 문화와 관습을 유지할 수 있게 하는 기반이 되었다. 하지만 두 공화국의 관계는 스페인 공화국에 의한 원주민 공화국의 착취를 전제로 했고, 이에 더해 스페인의 완고한 기독교화 정책은 기존 원주민 문화와 질서를 심각하게 훼손시키는 결과로 이어지기도 했다. 그렇다면 앞서 언급했던 안데스적 가치는 식민지 시대를 거치며 어떤 부분이 유지되고 어떤 부분에서 훼손되었을까?

먼저 잉카 이전부터 안데스 사회를 특징짓던 상호부조와 협력의 관계였던 '아이니' 또는 보다 광범위하게 '얀틴'이 어떻게 변

---

10) Bradley J. Dixon, *Republic of Indians: Empires of Indigenous Law in the Early American South*, University of Pennsylvania Press, 2021.

화했는지 살펴보자. 앞서 언급했듯 아이니는 파차 우주론이 지역적, 사회적 맥락에서 실천되는 방식이었고, 아이유를 기반으로 하는 상호 협력을 통해 안데스인들은 잉카 이전부터 자급자족의 일정한 안정적 기반을 체계적으로 유지해 오고 있었다. 잉카 제국은 이를 '미타'로 변형시켜 공동체와 황제 간의 호혜적 관계로 재해석해 공납의 논리로 적용했지만 해당 아이유에 공납에 상응하는 일정한 보상을 제공하여 호혜적 관계를 유지했다. 스페인의 두 공화국 정책에서도 원주민 공화국의 기본 조세 단위는 아이유가 되었으며, 이에 따라 아이유는 원주민들의 삶의 터전이었다. 기존 잉카의 통치 전략을 상당 부분 수용해 재해석하는 전략을 취했던 스페인 정복자들은 잉카의 미타 제도를 도입한다. 구체적으로 페루 부왕령 톨레도 총독은 1570년대 당시 알토 페루(Alto Peru)라고 불리던 티티카카 인근에서 현재 볼리비아 라파스까지 이르는 지역의 약 900개에 이르는 원주민 공동체들을 44개 단위로 압축해 재정착시키는 레둑시온(reducción) 정책을 단행한다.[11] 이 정책들로 강제 이주된 대부분의 아이유들은 기존 다층적 생태층들을 포괄하는 자급자족적 친족 공동체라는 정체성을 잃고 특히 푸나로 불리는 고지대에 대한 접근권과 혈연 네트워크를 상실하게 된다. 스페인은 아이유에 공동 토지를 허용함으로써 아이유에 부과하는 조세 의무의 보상을 제공한다는 논리를 펴, 상호 호혜적 관계로

---

11) Herbert S. Klein, *Bolivia: The Evolution of a Multi-Ethnic Society*, New York and Oxford: Oxford University Press, 1992.

아이유와 스페인 국왕과의 관계를 재해석했다. 그리고 잉카의 황제가 그랬듯 미타 제도를 도입해 아이유에 공납과 노동력 제공 의무를 부과했다. 하지만 잉카 시대의 미타가 자원의 재분배라는 성격을 띠었던 반면, 스페인 식민지에서 미타는 재분배 없는 착취만을 목적으로 한다는 점에서 근본적인 차이가 있었다. 미타는 페루 부왕령에서 가장 중요한 생산지였던 포토시 광산의 노동력 확보에 집중적으로 활용되었다. 현재 볼리비아 포토시에 위치한 '세로 리코(Cerro Rico, 부유한 광산)'는 스페인 식민지 시대 초반인 1545년 생산을 시작한 이래로 16세기와 17세기 초반까지 스페인 식민지에서 생산되는 은의 절반 이상이 이곳에서 채굴됐을 정도로 막대한 규모의 은광이었다.[12] 이처럼 중요한 포토시 은광의 노동력 확보를 위해 왕실은 미타 제도를 통해 알토 페루 일대 18-50세의 성인 남성이 일정 기간 강제 노동 징집에 응하도록 의무화했다. 매년 각 아이유 성인 남성들 7명 중 1명이 미타 노동 징집 대상이 되었고, 이들은 2주간 휴식을 취하고 1주간 노동을 하는 방식으로 광산에서 일했다. 징집된 원주민 남성에게 4헤알의 일당이 지급되었지만 이는 필수적인 물품 구입에도 턱없이 부족했고, 광산

---

12) 스페인 식민지에서 주요한 은광은 포토시에 위치한 세로 리코와 멕시코 부왕령에 위치한 사카테카스(Zacatecas)였다. 포토시 광산의 전성기가 식민지 시대 초반인 16세기와 17세기였던 반면 18세기에는 멕시코 광산의 생산량이 증가하며 포토시를 능가했다고 전해진다. 식민지에서 채굴된 은은 스페인을 거쳐 거의 절반이 중국, 인도 등 아시아로 유입됐다. 식민지에서 채굴한 은을 통해 스페인 왕실은 엘 에스코리알(El Escorial) 왕실을 건설하고 식민지 확장 비용을 충당했다. 또한 합스부르크 가문의 유럽 내 패권 유지에 큰 기여를 했다.

에서 생존을 위해 스스로 또는 아이유 공동체의 지원을 받아야 했다.[13] 정복 초기부터 전염병, 노동 착취, 전투 등으로 급격히 감소했던 원주민 인구가 회복되지 않은 상황에서 미타의 과도한 노동 착취는 아이유 공동체에 심각한 위협이 되었다. 게다가 수많은 성인 남성 원주민들이 미타 노동을 회피하기 위해 공동체를 이탈함에 따라 남은 아이유 원주민 구성원들이 도망 원주민들을 대신해 추가 공납을 지불해야 했다. 또한 스페인이 공납세를 화폐로 징수하며 아이니의 물적 토대였던 물물 교환을 대체했고, 원주민들은 개인적 생존을 위한 현금 획득을 위해 노동력을 제공하기 시작했다. 아이니 또는 얀틴의 상호 평등 원칙은 계층화된 차별로 대체되었고, 아이니의 상호 호혜적 부조는 미타의 강제 노동으로 변질된 것이다.

그렇다면 안데스 우주론의 핵심이었던 파차 우주론은 식민지시대 어떻게 변화했을까? 스페인은 1492년 1월 2일 그라나다 함락으로 무슬림 통치를 종식시키고 레콩키스타(reconquista, 재정복)를 완수했다. 레콩키스타는 가톨릭 국가로서 스페인의 정체성을 강화시키는 사건이었을 뿐만 아니라 아메리카 정복과 식민화 전 과정의 성격과 접근 방식을 결정했다. 특히 1493년 교황 알렉산데르 6세가 교서 「인터 캐테라(Inter Caetera)」를 통해 스페인에 신대

---

13) 포토시 미타에 대해서는 필자의 논문을 참고했다. 강정원, "Coping with Colonialism: Mita and Indian Community in the Colonial Andes",《이베로아메리카연구》, 24(1): 1-35쪽, 2013.

류 탐사와 개종 책임을 부여하고, 이듬해 포르투갈과 토르데시야스 조약을 체결하며 스페인은 신대륙에 기독교 전파와 식민 통치를 수행할 권위를 인정받는 기반을 확보했다. 레콩키스타의 경험과 교황의 승인을 배경으로 스페인은 순혈주의(pureza de sangre)로 스스로의 우월성을 규정했고, 이교도 원주민들을 가톨릭화로 구원해야 한다는 신념을 정복과 통치 전반에 내세웠다.

이에 따라 신대륙의 다신교 전통은 악마 숭배로 낙인찍혔고, 파차 우주론의 계층화된 신성들에 대한 숭배 역시 철저히 금지되었다. 이베리아 반도에서 이슬람 문화를 파괴하고 기독교를 강요한 것과 마찬가지로 원주민의 와카(Huaca)와 신전은 파괴되었으며, 파차 우주론도 금지되었다. 프란시스코회, 도미니코회, 예수회 등의 수도사가 개종의 주체가 되어 원주민들의 마을에 교회와 수도원을 짓고 선교의 거점으로 활용했고, 이들은 강제 세례뿐만 아니라 원주민 지도자에 대한 교리 수업을 통해 적극적으로 가톨릭을 전파했다. 잉카의 수도인 쿠스코에는 가톨릭 대성당이 건설되었고, 원주민들을 대상으로 하는 우상 근절 캠페인도 시행되며 다각도에서 개종 정책이 추진되었다. 이에 원주민들 다수는 생존을 위해 세례를 받고 표면적으로라도 기독교를 수용하기도 했지만, 1560년대 와카 파괴에 저항하는 운동인 타키 온코이(Taki Onqoy)가 안데스에서 펼쳐지기도 했다.[14] 하지만 대다수의 원주민들은 비

---

14) Steve J. Stern, *Peru's Indian Peoples and the Challenge of Spanish Conquest: Huamanga to 1640*, University of Wisconsin Press, 1982.

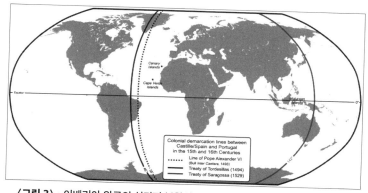

〈그림 3〉· 이베리아 왕국의 식민지 분할선: 토르데시야스 조약과 사라고사 조약.

출처: 위키피디아.

밀리에 일상 속에서 파차마마 숭배와 같은 금지된 의식을 지냈고, 표면적으로 기독교를 수용하면서도 이에 기존 신앙을 재해석해 융합시키는 제설 혼합주의(Syncretism)로 대응했다.

안데스 제설 혼합주의의 구체적 사례들을 일부 언급하면, 볼리비아 티티카카 호수 근처 1580년대 원주민 예술가 티토 유판키(Tito Yupanqui)가 조각한 코파카바나의 성모(Virgen de Copacabana)는 대지모신인 파차마마를 상징하고 있으며, 원주민들은 이 성모에게 코카 잎과 같은 전통 제물을 마치며 의례를 드렸다.[15] 인티와 예수 상징의 혼합도 발견되었는데, 1530년대 잉카 코리칸차 위에

---

15) Sabine MacCormack, *Religion in the Andes*, Princeton University Press, 1991.

건설된 쿠스코 대성당 내부의 금빛 태양 장식은 인티를 상징한다
고 인식되었고, 원주민들은 이를 태양신으로 해석했다. 또한 6월
동지에 치러지던 인티 라이미 태양 축제는 스페인에 의해 금지되
었지만, 6월 24일 성 요한 축일과 중첩되어 변형되었고, 원주민
은 성 요한 미사 후 태양에 경배하는 의식을 비밀리에 수행했다.[16]
와카와 가톨릭 성지를 연계시키는 사례들도 기록되었는데, 페루
쿠스코 근처 신성한 산인 아우산가테(Ausangate)에서 열리는 순례
행사인 코이유리티(Qoyllu Rit'i)는 본래 와카 숭배였지만 1780년대
가톨릭 성지로 지정되며 변형되었다. 이 행사에서 원주민들은 십
자가를 세우고 미사를 드리지만, 산신인 아푸에 코카 잎 등 전통
제물을 바쳤다.[17]

안데스 전통 축제와 가톨릭 성자 축일이 결합되기도 했는데, 가
장 대표적인 사례는 카니발이다. 잉카는 농업 의식을 가톨릭 사순
절 전 축제와 융합했고, 볼리비아 오루로 카니발의 하이라이트인
디아블라다(diablada), 즉 악마의 춤은 오루로 지역의 우루(Uru)족과
잉카족이 수행하던 의식에서 유래했다. 우루족은 이토(ito) 축제에
서 자연 신들을 숭배하며 풍요와 보호를 기원했는데, 특히 광산과
지하 세계를 관장하는 신 티우(tiw)에 대한 숭배를 통해 광부들의

---

16) Carolyn Dean, *Inka Bodies and the Body of Christ: Corpus Christi in Colonial Cuzco, Peru*, Duke University Press, 1999.; Steve J. Stern, *Peru's Indian Peoples and the Challenge of Spanish Conquest: Huamanga to 1640*, University of Wisconsin Press, 1982.

17) Manuel Marzal, *Tierra Encantada*, Editorial Trotta, S.A., 1996.

안전을 기원했다. 우루족은 스페인 식민화 이후 금지된 이토 축제를 카니발 축제로 위장해서 이어 나갔고, 이 과정에서 티우 신은 가톨릭의 악마로 형상화되었다. 티우 신을 악마로 형상화한 현상은 기독교의 선악 대립에 의한 변형이었지만 실제 포토시를 비롯한 광산에서 원주민 광부들은 티우 신을 광부들의 영적 후원자이자 안전과 풍요를 지켜주는 존재로 여겼고, 광산 입구에 코카 잎과 차차를 바치며 안전을 빌었다.[18] 이러한 의례는 현재 포토시의 광산에서도 일상적으로 이어지고 있다. 이처럼 식민지 원주민들의 혼합 의식은 원주민 신앙과 우주론이 지속되고 있었음을 의미하며, 가톨릭화가 원주민 신앙을 철저히 금지하고 악마화하려 했음에도 불구하고 실상 원주민들은 가톨릭과의 공존을 통해 일정 부분 원주민 정체성을 강화했음을 의미한다. 그리고 이 같은 과정을 거쳐 폭력적이고도 기나긴 식민 통치에도 불구하고 원주민들은 안데스적 가치를 다양한 방식으로 지켜왔으며, 이는 현대 페루에서도 계속되고 있다.

18) Sabine MacCormack, *Religion in the Andes*, Princeton University Press, 1991.

제 3 장

안데스의 생태 환경:
광산 개발과 원주민 공동체

01 페루 광산업의 역사

1) 20세기 초중반 페루 광산업

1821년 독립 이후에도 페루에서 광산은 여전히 중요한 산업으로 남아 있었다. 하지만 1860년대 초까지 페루 정부 세입의 80퍼센트 가까이가 구아노로 확보될 정도로 구아노 수출이 호황을 누리던 상황에서 광물 채굴은 상대적으로 부차적인 중요성을 지녔다. 19세기 말 구아노 붐이 끝나고 고무, 설탕, 면화 등 일련의 수출 붐을 경험한 후 본격적인 광산 시대는 1901년 광산 부문에서 외국인 투자를 활성화한 광산법(Mining Code) 공포로 시작됐다. 이듬해 중부 안데스에 위치한 파스코(Pasco) 주의 해발 고도 4,300미터의 파스코 광산(Cerro de Pasco)이 미국 자본가들의 신디케이트로 구성된 세로 데 파스코 구리 회사(Cerro de Pasco Copper Corportation, 이하 CPCC)에 매각되었다. 이후 1950년대 노천 채굴로 전환될 때

〈그림 1〉・ 세로 데 파스코의 옛 도시.
출처: 위키피디아.

까지 파스코 광산은 페루 최대 광산으로 평가되었다. 1920년
대 CPCC는 페루에서 가장 많은 인력을 고용하는 회사가 되었
고, 1930-1940년대 평균 약 16,000명이 고용되어 있었다고 보고
되었다.[1] 이어 카사팔카 광산(Minería Casapalca, Huarochi 지방), 키루
빌카 광산(Minería Quiruvilca, La Libertad 주), 모로코차 광산(Minería
Morococha, Junín 주), 토케팔라 광산(Minería Toquepala, Tacna 주) 등이
주로 미국 자본에 의해 탐사, 개발 단계를 거쳐 1950년대부터 본
격적인 생산에 돌입하며 페루는 광산 국가로 변모하기 시작했다.

---

1) Elizabeth Dore, *The Peruvian Mining Industry: Growth, Stagnation, and Crisis*,
   Westview Press, 1988.; Long and Roberts, *Miners, Peasants and Entrepreneurs:*
   Regional Development in the Central Highlands of Peru, Cambridge University
   Press, 1984.

때마침 제2차 산업혁명으로 구리 등 산업용 광물 수요가 증가하는 상황에서 외국 자본에 의한 광산의 현대화와 대량 생산은 페루가 광업을 통해 세계 경제에 통합되게 했다. 또한 거의 전적으로 광산이 안데스 산악 지대에 분포되어 있는 상황에서 광물 생산을 위한 도로 건설 등의 인프라 구축은 고립되고 사회 간접 자본이 열악한 안데스 고산 지대의 발전에 간접적으로 기여했다. 하지만 이 시기 광산 개발이 주도한 성장의 혜택은 대부분 해안의 엘리트와 외국 기업에 집중되었고, 광산 인근 안데스 공동체에 돌아간 혜택은 미미했다. 오히려 광산의 주된 노동력을 제공했던 인근 원주민 공동체는 광산으로 인해 여러 가지 피해를 겪게 되었다. 이와 관련해 데이비드 노블 쿡(David Noble Cook)은 파스코 광산이 마치 식민지 시대 미타와 유사하게 원주민이 강제 노동에 시달리게 했고, 경제적 종속 심화와 공동체 파괴를 초래했다고 비판한다.[2] 쿡에 따르면 CPCC는 미타 제도처럼 직접적인 법적 강제를 동원하지는 않았지만, 광산 확장으로 토지를 강제 수용하며 원주민들이 농사를 지을 수 없게 되면서 생계 수단을 상실했고, 지역의 지도자 쿠라카나 중개인을 통해 원주민을 노동력으로 동원했으며, 매우 낮은 임금과 때로는 비현금 보상, 그리고 매우 비싼 회사 매점 시스템으로 광부들이 일종의 부채 노예로 전락하게 해 사실상 강제 노동 상태에 놓이게 했다고 비판한다. 파스코 광산은 고립된

---

2) David Noble Cook, *Miners of Red Mountain: Indian Labor in the Andes*, Princeton University Press, 1981.

안데스 지역이 페루 경제 성장의 원동력이 되게 하는 시초가 되었지만 그 혜택은 국내외 엘리트와 자본가들에게 집중되었던 것으로 보인다. 파스코 광산 생산이 본격화된 1910년대부터 1930년대 수익의 약 45퍼센트가 해외로 유출되었다고 집계되며,[3] 나머지 수익의 대부분도 리마의 엘리트와 소수 지역 지주들에게 집중되었다. 지역 지주들은 토지 임대료, 세금 혜택, 중개 수수료 등으로 이익을 챙겼고, 리마 엘리트는 광업권 허가와 세금을 통해 간접 이익을 확보했다. 환경 규제에 대한 제도적 장치의 인식이 부재한 상황에서 지역 공동체와 노동자들은 환경 오염과 산재에 시달렸지만 보상은 거의 없었다.

1950년대에 접어들어 파스코 광산, 그리고 법적으로는 미국 회사이지만 멕시코의 그루포 메히코(Grupo México)가 대주주인 서던 페루 구리 회사(Southern Peru Copper Corporation, 이하 SPCC)가 운영하던 토케팔라 광산과 쿠아호네 광산이 노천 채굴 기법을 도입하면서 페루 광산업에 대대적인 변화가 일어났다. 기존 노동 집약적 지하 채굴 방식에서 노천광으로의 전환은 획기적 생산량 증대로 이어졌고, 1970년대 구리는 페루 수출의 50퍼센트 이상을 차지하며 페루가 세계적인 핵심 구리 수출국으로 자리 잡게 했다. 하지만 노천 채굴 도입은 사회적, 환경적으로 심각한 문제를 초래하기

---

3) Charles T. Goodsell, *American Corporations and Peruvian Politics*, Harvard University Press, 1974; Rosemary Thorp and Geoffrey Bertram, *Peru 1890-1977: Growth and Policy in an Open Economy*, Columbia University Press, 1978.

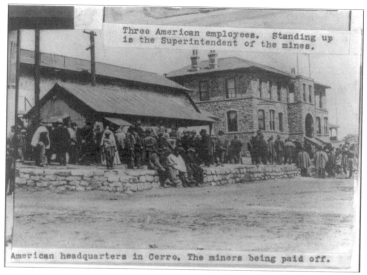

〈그림 2〉· 광산 중심지, 세로 데 파스코(1914).

출처: 위키피디아.

시작했다. 더 넓은 면적의 토지 몰수와 파괴가 불가피했고, 이에 따라 잉카 이전부터 조상 대대로 공동체를 구성하며 지내오던 원주민들이 삶의 터전을 잃고 쫓겨났다. 토지를 잃고 불가피하게 광산의 임금 노동에 의존해야 하는 농민들이 증가했고, 공동체 해체와 전통적인 파차마마 숭배는 불가능해졌다. 이에 더해 넓은 광석 노출 면적을 요구하는 노천광 방식은 납, 아연, 비소, 황산염 등 위해 물질에 더 많이 노출된다는 의미였고, 지역 주민들은 환경 오염뿐만 아니라 납 중독, 폐암, 천식, 폐섬유증, 암, 신부전 등 심각한 질병에 걸리는 사례가 급증했다. 결국 광산 국가로의 전환은 페루에 경제 성장을 가져왔지만, 그 비용은 지역 주민들에게 전가되었고 이들은 가장 오랜 시간에 걸쳐 안데스에 거주하며 찬란한 문명을 일구어 온 안데스 원주민들이었다.[4]

2) 20세기 후반 페루 광산업

20세기 후반 페루 광업은 산업 외부의 정치적, 사회적 요인으로 중대한 변화를 겪는다. 먼저 1968년 군부 쿠데타로 정권을 잡은 후안 벨라스코 알바라도(Juan Velasco Alvarado) 정부가 주도한 국유화 조치 때문이었다. 자원 민족주의를 내세운 벨라스코 정부는 외국 자본의 지배를 감소시키기 위해 1971년 새로운 광업법(Ley General de Minería)을 발표하고, 국가가 광업 전반을 직접 운영하게 했다. 1973년 12월 파스코 광산이 국유화되며 국영 기업인 센트로민페루(Centromín Perú)로 신설, 전환되었다. SPCC가 운영하던 토케팔라 광산과 쿠아호네 광산도 지분 51퍼센트가 국영 기업 미네로페루(Minero Perú)에 복속되었다. 국유화는 이들 핵심 대형 광

---

4) 20세기 중반 파스코 광산의 노천 채굴이 안데스 공동체에 미친 사회적, 환경적 폐해는 다음의 연구에 잘 기술되어 있다. Jeffrey Bury, "Mining Mountains: Neoliberalism, Land Tenure, Livelihoods, and the New Peruvian Mining Industry in Cajamarca", *Environment and Planning A.*, Vol. 37(2): pp. 221-239, 2005.; E.V.K. FitzGerald, *The Political Economy of Peru 1956-78: Economic Development and the Restructuring of Capital*, Cambridge University Press, 1980.

산들을 대상으로 했기 때문에 그 수가 많지는 않았지만, 센트로민 페루에서 채굴한 구리가 페루 전체 생산의 절반 이상을 생산했었 기 때문에 국영 기업들의 역할은 페루 광업에서 매우 중요했다. 벨라스코의 국유화 조치는 기존에 지속적으로 문제가 되었던 엘 리트에 편향된 페루의 자원 거버넌스를 개혁하고, 전략적 자원인 광물에서 국가의 통제력을 강화하며 궁극적으로 자원에서 파생하 는 수입으로 국가 주도의 보다 포괄적이고 포용적인 사회 발전에 기여할 것으로 기대되었다. 물론 외국 자본과 결탁해 수익을 독점 하던 엘리트는 국유화에 반발했지만 극심한 빈부격차에 시달리던 국민들의 강한 지지가 있었다. 하지만 센트로민페루는 투자 부족 과 비효율적 관리로 생산성이 하락하기 시작했고, 광산 지역에서 의 사회 갈등과 환경 오염도 나아질 기미가 없었다. 결국 1975년 또다시 군부 쿠데타로 정권을 잡은 모랄레스 베르무데스(Francisco Morales Bermúdez)의 민영화 정책으로 벨라스코 정권의 국유화 조치 는 철회되었고, 다시 민영화로 회귀했다.

단기적이고 비효율적인 실패한 실험으로 끝났던 국유화 조치 의 혼란을 극복하기도 전에 페루는 1980년대 심각한 외채 위기에 시달렸고, 특히 안데스를 활동 배경으로 삼아 페루를 심각한 위 기에 몰아넣었던 '빛나는 길(Sendero Luminoso)' 게릴라 운동이 발 발하며 광업도 침체에 접어들었다. 소외된 안데스 지역인 아야쿠 초(Ayacucho)를 본거지로 산크리스토발데와망가 대학의 철학 교수 로 재직하던 아비마엘 구스만(Abimael Guzmán)이 지도자가 되어 창 설한 게릴라 조직인 '빛나는 길'은 마오주의를 도입해 농민 중심의 게릴라 전쟁을 통한 혁명을 외쳤다. '빛나는 길'은 독립 이후에도 가장 차별받고 소외된 집단인 안데스 원주민들이 주체가 되어 이들을 위한 혁명을 내세웠지만 진실화해위원회의 2003년 보고서에 따르면 약 3만 명의 사망자 중 절반 이상이 원주민 공동체에서 발생했고, '빛나는 길'이 자행한 폭력으로 수만 명의 원주민이 공동체를 떠나며 안데스의 아이유 공동체는 심각하게 훼손되었다.[5] '빛나는 길'은 광산을 제국주의적 착취의 상징으로 간주하고 테러 대상으로 삼았고, 광산을 대상으로 하는 테러로 외국인 자본에 의존하는 광산 부문 투자가 중단되거나 감소하며 침체가 이어졌다. 페루 광업의 부흥은 1990년 집권한 알베르토 후지모리(Alberto Fujimori) 정부가 추진한 급진적 민영화 정책으로 다시 시작되었다. 후지모리 대통령은 1991년 민영화 촉진법(Ley de Promoción de Inversiones Privadas, Decreto Legislativo 757)을 공포하고 신자유주의 경제 개혁의 일환으로 국영 기업을 민간에 매각하고 외국 투자 유치를 활성화하는 제도적 절차에 돌입한다. 1991년 민영화 촉진법은 모든 국영 기업을 대상으로 했는데, 매각 목록에 포함된 약 200개 국영 기업 가운데 광업이 우선순위가 되었다. 외국 기업은 국내 기업과 동등한 권리를 보장받고, 일체의 투자 제한이 폐지되었으며, 최대 10년에 이르는 세금 감면과 관세 면제가 혜택으로 제공되었다. 신속한 매각을 위해 공개 입찰뿐만 아니라 직접 협상이 혼합

---

5) TRC, "Final Report of the Peruvian Truth and Reconciliation Commission", 2003, https://www.cverdad.org.pe/ingles/ifinal/index.php.

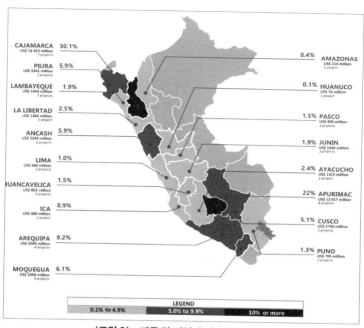

〈그림 3〉· 페루 각 지역의 광산 투자 현황.

출처: MEM(Ministerio de Energía y Minas), Porfolio of Mining Investment Projects, 2024, p. 19.

되어 허용되었고, 민영화위원회(Comisión de Promoción de la Inversión Privada)가 설립되어 국회 비준 없이 진행이 가능해졌다. 또한 노동자에 대한 고용 보호 축소와 환경영향평가(Environmental Impact Assessment, 이하 EIA)가 가속화되었다. 1992년부터 2001년까지 케야베코(Quellaveco), 세로 베르데(Cerro Verde), 틴타야(Tintaya), 안타미나(Antamina) 광산 등 주요 15개 광산이 외국 기업에 매각됐다. 또

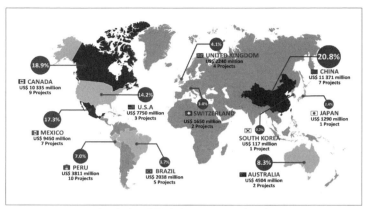

<그림 4> · 페루 광산 부문 주요 투자 국가.

출처: MEM(Ministerio de Energía y Minas), Porfolio of Mining Investment Projects, 2024, p. 22.

한 야나코차(Yanacocha) 광산은 직접 매각이 아닌 페루 부에나벤
투라(Buenaventura)와 미국 뉴몬트(Newmont Mining)와의 합작 개발
로 승인되었고, 국유화 이후 SPCC에 다시 매각되었던 토케팔라
(Toquepala) 광산과 쿠아호네(Cuajone) 광산도 환경 책임 면제 협정
에 따라 추가 개발이 추진되었다.[6] 후지모리 정권의 민영화 조치
에 따라 매각되었던 광산들의 생산은 2000년대 본격적으로 시작
되었고, 이는 21세기 페루의 광산 붐의 배경이 된다.

---

6) Gustavo Lagos, "Mining Nationalization and Privatization in Peru and in Chile",
Mineral Economic, May 2018.

3) 21세기 초반, 현재 페루의 광산업

21세기에 접어들며 페루는 본격적인 광산 붐 경제를 경험하게 된다. 후지모리 정부에서부터 진행된 대규모 광산 매각은 2003년 중국발 수요 증가에 따른 국제 광물 가격 급등과 맞물리며 더욱 활성화되었고, 기존 광산 투자자들은 높은 시장가격의 혜택을 보기 위해 투자 확대와 생산 가속화에 돌입한다. 2000년대 초반 8퍼센트대에 머물던 페루 GDP에서 광업 기여도는 2011년 약 13.8퍼센트로 증가했고, 광물 가격이 안정화된 현재도 9퍼센트 이상을 유지하고 있다. 광업은 제조업에 이어 페루에서 가장 큰 경제 부문이며, 총 수출의 50퍼센트 이상을 담당하고 있다. 페루에 유입되는 외국인직접투자(FDI)의 과반은 꾸준히 광업 부문에 집중되어 왔고, 광업 세수는 국가 재정의 20퍼센트 이상을 기여하는 것으로 집계된다. 20세기 초반 파스코 광산이나 카사팔카 광산, 모로코차 광산 등 주요 광산이 안데스 중부에 밀집되었고, 20세기 중후반 토케팔라 광산, 모케과 광산 등 신규 생산 광산들이 남부와 일부 북부로 확장된 반면, 21세기 광산 붐은 실로 페루의 안데스 전역이 광산 생산지로 변화되게 한다. 특히 중남부 아푸리막(Apurimac)주와 앙카시(Ancash)주에 초대형 광산들이 개발되기 시작하며 핵심 광산 생산지로 신규 편입되는 지역들이 등장했다.

최근 페루 광산 부문 투자 가운데 73퍼센트는 구리 광산에 집중되었고, 이어 금(13퍼센트), 철광(9퍼센트), 아연(3퍼센트), 은(2퍼센트) 순으로 나타났다. 국가별 투자 규모는 중국(20.8퍼센트), 캐나다

(18.9퍼센트), 멕시코(17.3퍼센트), 미국(14.2퍼센트), 호주(8.3퍼센트) 순으로 20세기 전통적인 투자국이었던 미국과 유럽에서 중국, 캐나다, 멕시코 등으로 투자처가 다각화되고 확산되었음을 알 수 있다.

21세기 페루 광산 붐에서 주목할 특징들을 요약하면 다음과 같다. 첫째, 신규 광산 투자 증가로 광산 채굴 지역이 안데스 전역으로 확대되며 지역에 미치는 사회적, 환경적 영향도 보다 복합적이고 다양하게 나타나기 시작했다. 둘째, 밤바스(Las Bambas, 투자금 약 58억 달러) 광산, 켈라베코(Quellaveco, 투자금 약 55억 달러), 토로모초(Toromocho, 투자금 약 47억 달러), 안타미나(Antamina, 투자금 약 35억 달러) 광산 등 투자금이 30억 달러를 상회하는 초대형 광산 투자가 이루어짐에 따라 지역 사회에 미치는 영향력의 성격과 강도가 20세기 광산들과 상이하게 달라졌다. 셋째, 중국이 가장 큰 규모의 투자자로 신규 진입하며 안데스 지역 사회에 익숙하지 않은 투자자로서 지역 사회와 새로운 유형의 갈등을 겪기 시작했다. 넷째, 후지모리 시기 도입된 1991년 페루 민영화 촉진법(D.L. 757)이 부분적 개정이나 보완에도 불구하고 여전히 투자 환경의 틀로 작용함에 따라 친기업 성향의 조항들(세제 혜택, 노동 조건 완화, 환경 규제 완화)이 계속 적용되며 국가적 문제뿐만 아니라 지역 사회에 심각한 문제들을 초래했고, 이로 인한 지역 사회와의 분쟁이 지속적으로 일어나고 있다. 다섯째, 21세기 시민 사회 성장과 환경 보호 및 기업의 사회적 책임에 대한 국내외적 인식 제고로 광산 회사들에 대한 사회적 기대와 눈높이가 높아졌고, 이에 따라 지역 사회와의 관계 재정의가 필수적인 환경이 되었다. 이 장에 이어지는 내용에서는 이러한 특징들을 중심으로 페루 앙카쉬주에 소재한 안타미나 광산 사례를 중심으로 광산 개발과 지역 공동체와의 관계를 살펴보고, 광산 개발이 안데스 생태 환경에 어떠한 영향을 미치고 있으며 이에 대한 정책적 대응은 어떻게 이루어지고 있는지 살펴보겠다.

02 다국적 광산과 안데스 지역 사회와의 관계: 안타미나 광산 사례를 중심으로

21세기에 접어들어 페루에는 투자금이 20억 달러(한화 약 3조 원)를 상회하는 초대형 광산들이 잇따라 개발되기 시작했다. 막대한 투자 비용을 조달하고 높은 리스크를 분산하기 위해 주요 다국적 광산 회사들이 컨소시엄을 구성해 공동 투자자로 참여하는 경우가 일반적이다.[7] 초대형 광산에 컨소시엄 방식이 선호되는 또 다

7) 2025년 3월 현재까지 페루에서 투자금이 20억 달러를 상회하는 광산 프로젝트는 총 7건으로 밤바스(58억 달러), 켈라베코(53억 달러), 토로모초(47억 달러), 안타미나(35억 달러), 세로 베르데(30억 달러), 야나코차(27억 달러), 틴타야/안타파카이(20억 달러) 순이다. 이 가운데 중국 자본이 투자한 프로젝트는 밤바스와 토로모초로, 밤바스의 경우 중국 국유 기업들인 MMG(지분 62.5퍼센트), 귀신 국유투자(22.5퍼센트), 시틱 메탈(15퍼센트)이 투자했다. 예외적으로 토로모초는 중국알루미늄공사(Chinalco)가 단독 투자해 운영해 오고 있는데, 중국의 해외 자원 확보 전략의 일환으로 투자가 이루어져 중국개발은행(CDB)과 중국수출입은행(EXIM) 대출로 자금 조달이 진행되었다. 틴타야/안타파카이 광산의 경우에도 글렌코어(Glencore)가 단독 투자자로 참여하고 있지만, 이 경우 글렌코어가 중규모 광산이었던 틴타야 광산 투자자로 참여하다가 폐광 이후 인근 안타파카이 광산으로 확장됐고, 이런 점에서 기존 사업의 연속

른 이유는 지역 사회와의 사회적 갈등, 정치적 불안정, 환경 규제 등 정치 사회적 요인으로 인한 리스크가 매우 큰 특성과도 관련이 있는데, 특히 생산에 착수하기 전 장기간에 걸친 탐사 및 인프라 건설 비용이 투자금의 대부분을 차지하는 대규모 노천광에서 지역 사회와의 마찰로 인해 최악의 경우 투자가 무기한 중단될 경우 몇조 단위에 이르는 초기 투자를 회수할 수 없는 상황까지 염두에 두어야 하기 때문이다. 예를 들어, 뉴몬트(51퍼센트), 부에나벤투라(44퍼센트), 수미토모(5퍼센트)가 공동 투자한 콩가(Conga) 프로젝트의 경우 물 공급 감소와 환경 문제로 지역 사회가 강력히 반발했고, 2012년 시위에서 5명의 사망자가 발생하기도 했다. 이로 인해 페루 정부는 비상사태를 선포했고 결국 2016년 뉴몬트는 콩가 프로젝트의 무기한 중단을 선언했다. 그루포 메히코 자회사 SPCC가 운영하는 티아 마리아(Tía María) 프로젝트도 물 부족과 농업 피해 때문에 지역 농민들이 강력히 반발하며 2015년 시위에서 6명의 사망자가 발생했다. 이로 인해 2011년과 2015년 두 차례에 걸쳐 생산이 중단되었고, 2019년 재승인되었지만 여전히 지역 사회의 반발로 착공이 지연되고 있다. 이러한 상황은 초대형 광산 프로젝트에서도 발생하고 있는데, 페루 최대 광산 부문 투자이자 비전통적 투자국이었던 중국의 단독 투자로 주목을 끌었던 밤바스(Las Bambas) 광산이 2016년 생산 단계 돌입 이후 지속적인 지역 사

으로 신규 광산 개발에 참여했기 때문에 컨소시엄보다는 자체적 리스크 관리를 선호했던 것으로 보여 예외로 볼 수 있다.

회와의 갈등으로 여러 차례 생산이 지연됨에 따라 수천억에서 조 단위까지 이르는 누적 손실이 발생한다고 보고되기도 했다.[8] 이처럼 페루의 개별 광산 프로젝트의 투자 규모가 커짐에 따라 지역 사회와의 마찰로 인한 사업 중단이나 생산 지역으로 인한 리스크는 더 커진 상황에서 광산 회사들은 리스크 관리의 가장 중요한 측면 중 하나로 지역 사회와의 관계에 접근하기 시작했다. 이어지는 내용에서는 페루 안타미나 광산 사례를 중심으로 광산 회사와 안데스 지역 사회와의 관계에서 갈등 양상의 변화를 사업 진행 단계에 따라 살펴보고, 이에 대한 광산 회사 측과 지역 사회 측 양측의 대응과 전략을 살펴보겠다. 안타미나 광산은 필자가 미국 플로리다 대학에서 인류학 박사 과정에 수학하며, 박사 논문을 위해 현지조사를 수행하며 연구했던 사례이다. 필자는 학위 논문을 위해 안타미나 광산 인근의 안데스 농촌 마을인 산마르코스에 약 18개월에 걸쳐(2006-2008) 체류하며 현지 조사를 수행했고, 학위를 마친 후에도 세 차례 단기간 방문하며 이후의 변화를 추적한 바 있다. 안타미나를 주제로 이어지는 사례 연구는 필자의 박사 학위 논문과 관련 주제로 학술지에 투고했던 연구 논문들을 참고로 하

---

8) 페루광업·석유·에너지협회(La Sociedad Nacional de Minería, Petróleo y Energía, 이하 SNMPE) 회장은 2022년 인터뷰에서 지역 사회 반발에 따른 밤바스 광산 생산 중단으로 인한 누적 손실이 2021년 한 해에만 6억 달러에 이른다고 언급했다(Diario Correo, "SNMPE: conflictos en Cuajone y Las Bambas generan pérdidas de US$ 14 millones diarios", 2022.04.20., https://diariocorreo.pe/economia/snmpe-conflictos-en-cuajone-y-las-bambas-generan-perdidas-de-14-millones-de-dolares-diarios-rmmn-noticia/).

여 작성했음을 밝힌다.[9]

1) 안타미나 광산 개발과 지역 공동체와의 관계

안타미나 광산 회사(Compañía Minera Antamina, 이하 안타미나)는
BHP 빌리톤(BHP Billiton, 33.75퍼센트), 글렌코어(Glencore, 33.75퍼센트),
테크(Teck, 22.5퍼센트), 미쓰비시(Mitsubishi, 10퍼센트) 지분으로 구성된
구리, 아연, 몰리브덴을 생산하는 다국적 광산 회사이다. 안타미
나 광산은 1996년 후지모리 정권의 민영화 사업의 일환으로 입찰
되었고, 2001년 광물 생산 전 단계까지 총 23억 달러와 2010년 광
산 확장을 위해 추가로 12억 달러의 투자가 이루어진 세계 최대
규모의 광산들 중 하나이다. 안타미나 광산 회사에서 가장 인접한
지역은 산마르코스(San Marcos)로 앙카쉬(Ancash)주의 안데스 산지
에 위치하며, 인구 1만 4천 명 규모의 케추아 농촌 사회이다. 안타
미나와 산마르코스 지역 사회와의 관계는 안타미나의 사업 진행

---

9) Kang Jungwon, *Getting Engaged in Development: Gender and Participation in the Development Projects of the Antamina Mining Company in San Marcos, Peru, 2006-2008*, Ph.D. Dissertation, University of Florida, 2010.; Kang Jungwon, "Gender Roles and Rural-Urban Divide in the Peruvian Andes: An Analysis of the District of San Marcos",《라틴아메리카연구》, 23(2): 117-149쪽, 2010.; 강정원, 「페루의 광산업과 지역 사회 발전: 카논 미네로와 농촌마을 변동 사례」,《국제지역연구》, 18(1): 111-140쪽, 2014.; Kang Jungwon, "Conceptualizing Development in the Peruvian Andes: The Case of the Compañía Minera Antamina", *Human Organization*, 71(3): pp. 268-277, 2012.; Kang Jungwon, "Can Participation Be Gender-Inclusive?: Gender Roles, Development Projects and the Antamina Mining Project in Peru", *Revista Iberoamericana*, 23(1): pp. 1-34, 2012.

〈그림 5〉· 페루 안타미나 댐에 있는 안타미나 폐석댐의 저류지.
출처: 위키피디아.

에 따라 그 속성이 근본적으로 변화해 왔다. 이를 대략적으로 분류하면, 토지 매입과 시설물 건설 단계(1996-2000), 광물 생산과 기업의 사회적 책임에 근거한 지역 개발 사업 시행 단계(2001-2007), 카논 미네로 도입과 지방 정부 주도의 지역 개발 사업 시행 단계(2008년-현재)의 세 단계로 구분할 수 있다. 각 단계별 안타미나와 지역 사회 분쟁 양태를 살펴보면 다음과 같다.

가) 탐사·광산 시설 건설 단계(1996-2001)

안타미나는 1998년 타당성 조사를 완료하고 1998년부터 3년간 인프라 건설을 시작했다. 안타미나 광산은 해발 약 4,300-4,500미터에 위치하며, 작업 구역은 해발 4,200미터에서 4,700미터 사이로 이 기간 광산과 작업 구역에 광석 처리 공장, 서부 해안의 와르메이(Huarmey) 항구까지 연결되는 파이프라인, 고지대 전력 공급을 위한 송전선, 폐수 처리 시설, 3천 명 이상의 근로자를 수용할 숙소와 편의 시설, 내부 도로망 등 작업과 관계된 다양한 인프라 건설이 진행된다. 이 시기 안타미나가 주로 접촉하는 지역 사회 구성원은 4,000미터 이상 고지대(puna) 거주민으로 광산으로 인해 강제 이주를 당하게 될 주민들과 광산 작업 구역에 공동 토지를 소유한 농민 공동체들이다. 주된 안건은 토지 매입과 이주에 동의를 얻기 위한 보상을 협상하는 것으로, 안타미나는 이주 대상 가구들과 그리고 토지 매각 대상 농민 공동체와 개별적으로 협상했다. 안타미나의 경우 카르와욕(Carhuayoc)과 와리팜파(Huaripampa) 두 농민 공동체들이 광산 구역에 공동 토지를 소유하고 있었고, 이 두 공동체가 협상의 대상이 되었다. 이 단계에서 초기 분쟁은 토지 매입 과정에서 보상을 협상하는 과정에서 발생했고, 그 해결은 안타미나와 해당 가구 또는 공동체 대표와의 직접 면담과 협상을 거쳐 이루어졌다. 갈등이 토지 매각에 직접 관여된 가구나 공동체들에 한정되어 있었고, 보다 광범위한 지역 사회와의 갈등이 부재했던 원인은 당시 지역 전반에서 안타미나 광산 사업이 미래에 가져올 긍정적 효과에 대한 기대가 컸기 때문이었다. 지역 사회는 오랜 시간 외부와 고립되어 전통적 자급자족 농업과 단기적인 도시로의 이주 노동을 통해 부족한 현금 수입을 창출해 온 상황에서 당시 페루 최대 규모의 투자로 알려진 광산 회사가 본격

사업을 시작하며 고용 증진과 소비 활성화 등으로 지역 사회에 기여할 것이라는 기대를 가지고 있었다. 또한 정해진 기한 내 토지 매입을 끝내고 사업 승인을 받아야 했던 안타미나는 이런 지역 사회의 기대에 부합하는 고용 창출과 경제적 보상을 약속하며 지역의 기대 심리를 부추겼다. 이와 관련해 안타미나 한 관계자는 다음과 같이 말한다.

"회사가 처음 지역에 도착했을 때 여러 압력을 받고 있었다. 그중 토지 매입이 가장 시급했다. 토지 매입은 극도로 복잡한 과정이다. 토지 소유주들에는 농민 공동체, 소작농, 소농민, 대토지 소유주와 같이 다양한 유형이 있다. 게다가 상당수는 토지 소유권을 가지고 있지 않기 마련이다. 토지를 매입하도록 고용된 사람들은 예를 들어 3개월 안에 거래를 성사시켜야 하는 등의 압력을 받는다. (……) 회사는 주민들에게 선량한 이웃의 역할을 하고 싶어 했고, 따라서 지역사무소 직원들은 공동체와 지역 대표들과 개별 주민들에게 수많은 약속을 했다. 우리가 당신을 고용하겠다, 학교를 새로 지어주겠다 등 (……) 땅을 판 사람들은 보상금뿐만 아니라 일자리도 약속받았다. 광산에 취직하는 것은 매우 선망받는 일이다, 특히나 아무런 소득원이 없는 사람들에게는. (……) 한 사례를 알고 있는데, 그 사람은 가축을 돌보고 있었다. 그는 자기 땅만 아니라 다른 땅들의 매입까지 도움을 주었고, 그 대가로 토지 보상금 이외에 더 많은 것을 요구했다. 그는 광산에 취직시켜 줄 것을 요구했다. 하지만 평생 가축을 돌보던 그가 광산에서 무슨 일을 할 수 있겠는가? 안타미나는 그에게 취직을 시켜줄 수는 없지만 프로젝트를 만들어 오라고 했고, 이에 그는 목축센터를 만들겠다는 한 장의 계획서를 제출했다. 그리고 그는 6만 달러를 받았다. 이런 사례가 안타미나에서 수차례 발생했다. 수많은 사람들이 구두로 약속을 받았다. 자신과 가족들을 위한 일자리와 취업 양성 교육 등등의, 그리고 아무도 이를 문서로 기록한 사람은 없었다. 현재 안타미나에 제출된 수많은 항의서들은 당시 안타미나 지역사무소 직원들이 했던 약속들에서 비롯되었고, 상당수가 여전히 이행되지 않은 채 남아 있다."(필자와의 면담, 2006년 2월 5일, 와라스).[10]

하지만 자본 집약적 노천 채굴 방식을 적용한 안타미나가 지역에 창출하는 경제 효과는 극히 미미했다. 노동력은 대부분 외부 도시나 외국에서 온 숙련 노동자들에 의존했고, 광물 생산과 관련해 전문적 기술이 전무한 농민들이 할 수 있는 것은 거의 없었다. 게다가 생산 현장과 노동자들의 캠프는 산마르코스 시내에서 차로 3시간 이상의 해발 4,300미터 광상에 위치해 지역사회와 광산 노동자들 간의 실질적 접촉은 부재한 수준이었다. 광산 노동자들을 위한 식자재와 생산 비품은 리마나 인근 대도시에서 직접 공급되었기 때문에 지역 경제 활성화 효과 역시 미미했다. 이에 더해 안타미나는 토지 매입을 진행하는 과정에서 세계은행의 다자간

---

10) 강정원, 「페루의 광산업과 지역 사회 발전: 카논 미네로와 농촌마을 변동 사례」, 《국제지역연구》, 18(1), 120쪽, 2014.

투자 보장 기구(Multilateral Investment Guarantee Agency, MIGA)가 권고하는 토지를 토지로 배상하는 조항(OD 4.30)을 준수하겠다던 기존의 입장에서 토지 보상 없이 현금만으로 보상하는 방침으로 갑작스럽게 전환했고, 이는 이주 대상 주민들에게 극심한 반발을 초래했다. 갈등이 불거지는 조짐을 보임에도 불구하고 안타미나는 보상금에 대한 개별 협상을 통해 토지 매입을 완료했고, 2001년 인프라 건설을 완료, 생산을 개시하게 된다.

나) 광물 생산과 CSR 프레임에 근거한 회사 주도의 지역 개발 사업(2001-2007)

토지 매입과 건설 단계에서 불거졌던 갈등이 장기화될 조짐을 보이고, 광산이 고립 경제(enclave economy)화되어 지역 경제에 대한 기여가 미미한 상황이 지속됨에 따라 지역 주민들의 적대감은 커졌다. 이에 안타미나는 지역 사회와의 관계 재정립에 나선다. 안타미나의 전략은 토지 매입 단계에서 토지 매각에 참여했던 이주 가구들과 공동체들을 별도로 특별 관리하고, 매각에 참여하지는 않았지만 광산의 간접적 영향권에 놓인 공동체 주민들을 대상으로 보다 포괄적인 지역 개발 사업을 시행하는 투트랙 전략이었다. 먼저 직접적 피해(토지 매각)를 입은 주민과 공동체를 위해 이들을 전담할 NGO인 사회계발프로그램(Programa de Desarrollo Social, 이하 PRODESA)을 설립하고, 각 가구와 공동체 대표들과 개별적으로 소통할 창구로 활용해 이들의 불만에 대응했다. PRODESA의 활동은 외부에 알려지지 않았고, 공식적인 사무실도 없었으며, 전문적이고 관련 경험이 풍부한 인력들이 고용되어 비공식적으로 개별 가구/공동체들과 소통, 교류했다. 반면 직접적 피해뿐만 아니라 간접적 피해(토지 매각 대상은 아니었지만 광산 인근 지역에 거주한다는 점에서 영향권에 놓인)를 받은 산마르코스 주민들 전체를 대상으로 기업의 사회적 책임(Corporate Social Responsibility, 이하 CSR) 명목으로 포괄적인 지역 개발 사업을 시행할 계획을 수립하고, 이를 대대적으로 홍보했다. 이를 위해 2002년 앙카쉬 연합(Asociación Ancash)이라는 개발 사업 전담 기관을 설립해 지역 개발사업들을 제공하기 시작했다. 개발 사업은 농업, 수공예 직물 생산, 교육, 관개시설 보수, 관광사업 진흥 등 포괄적인 분야에 걸쳐 제공되었고, 안타미나의 산마르코스 지역 사무소와 앙카쉬 연합이 사업의 계획, 수행 기관 선정, 사업 운영 등 전반적 설계와 관리를 담당했다. 페루의 주요 개발 NGO들(ACUDIP, GRADE, IDMA, IDESI 등)과 Mountain Institute, CARE 등 국제 NGO들이 개별 사업 수행 기관으로 참여했다. 지역 주민들 사이에는 지역 개발 사업이 주민들의 불만을 잠재우려는 임시방편일 뿐 자잘한 지원으로 눈속임을 하려 한다는 비판이 팽배했다. 반면 NGO 활동가들은 개발 사업으로 인해 지역 주민들이 외부의 도움에 과도한 의존성을 갖게 되었고, 이로 인해 사업의 장기적 효과를 기대하기 어려워지고 있다고 토로하기도 했다. 이와 관련해 한 활동가는 다음과 같이 말했다.

"한 번은 어떤 주민이 사무실로 찾아와 아스피린을 달라고 요청하기도 했다. 그 사람은 약국이나 병원에 가기 전에 일단 우리 사무실에 들렀던 거다. (……) 우리가 농업 개발 프로젝트를 할 때였다. 당시 우리는 마을의 한 공동 토지에 채소와 옥수수 등 여러 작물을 재배하도록 도왔고, 생산량은 제법 높았다. 하지만 프로젝트가 끝나자 몇 주도 지나지 않아 토지는 완전히 방치되었고, 작물은 모두 말라 버렸다. (……) 한 공동체에서 저수지 시설을 설비한 적이 있었다. 시설이 완공되기까지 2년 정도가 걸렸고, 총 5천 달러가량의 투자됐다. 하지만 사업이 끝나고 몇 년이 지나지 않아서 시설은 방치되었고 아무도 사용하지 않게 되었다. 시설물에 작은 문제가 생겨서 보수 작업을 해야 했는데, 아무도 신경을 쓰지 않은 거다. 보수에는 고작 200달러도 들지 않았을 거다."(필자와의 면담, 2008년 10월 22일, 산마르코스)[11]

광산에 대한 기대는 주민들이 소속된 지역에 따라 상이했다. 읍내 상업 지구 주민들은 광산이 일부 농민 공동체에만 집중되어 있고, 농업이나 직물 등 전통적인 생산 활동에만 치중되어 있다는 점이 문제라는 의견이었다. 어떤 이들은 개발 사업이 청년 직업 교육에 투자해야 한다는 의견이었고, 산마르코스에 대학을 세워 고등 교육이나 취업을 위해 도시로 떠나는 청년들이 머물 수 있도록 해야 한다는 의견도 있었다. 이처럼 주민들이 처한 경제적 상황과 직업, 나이, 성별 등에 따라 광산에 대한 상이한 기대와 요구

---

11) 같은 글, 123쪽.

를 가지고 있는 상황에서 안타미나의 CSR 사업의 일환으로 제공되는 지역 개발 사업이 기대에 충족한다는 것은 현실적으로 불가능해 보였다. 이와 관련해 한 주민의 말을 들어보자.

"광산이 도움이 되기는 했다, 일부 이주민들에게는 말이다. 하지만 광산은 좀 더 아래 지역에 있는 사람들을 위해 직접 일해야 한다. 단지 일부 사람들만 혜택을 받았다. 하지만 나머지는 그 어떤 혜택도 받지 못했다. 카르와욕 사람들이 돈이 있다는 걸 이제 모두가 안다. (……) 안타미나가 오기 전에, 루마니아 사람들이 오기 전에, 서던 코퍼 회사가 있었다. 그 사람들은 지역 사람들을 모두 고용했다. 일하다가 쉬고 싶으면 사람들은 마을로 돌아와서 소비를 했다. 사람들은 광산이 오면 모두 잘 살게 될 거라고 생각했다. 사람들은 이런 식의 광산은 한 번도 겪어본 적이 없었다. 구리 광산은 그 일대의 사람들만 혜택을 준다. 안타미나는 주민들을 노동력으로 사용해야 한다는 법규를 위반하고 있다."(필자와의 면담, 2007년 6월 26일, 산마르코스)[12]

이 시기 산마르코스 지역 개발 사업의 특징을 정리하면 다음과 같다. 첫째, 안타미나가 지역 개발 사업의 제공자이자 관리자였다. 둘째, 전문적인 개발 NGO가 사업의 구체적 방향성과 활동 및

---

12) 같은 글, 124쪽.

목표를 설정했기 때문에, 전형적이고 표준화된 지역 개발 사업의 양식에 따라 운영되었다. 셋째, 토지를 매각한 농민 공동체 주민들이 주된 수혜자였지만 그렇지 않은 공동체들을 대상으로 하는 사업들도 일부 제공되었다. 넷째, 광산과는 무관한 농작물과 수공예 직물 생산 등 전통적 생산 활동의 활성화와 이를 통한 수익 창출 지원이 목적이었다. 다섯째, CSR 일환으로 제공되는 지역 개발 사업은 대부분 프로젝트 규모가 작고 수혜자도 특정 공동체의 소수에게 제한되기 마련이었다. 이에 따라 프로젝트 참여 기회를 갖지 못한 대다수 주민들 사이에는 개발 사업이 지역의 전반적인 발전보다는 광산 회사에 불만을 가진 특정 공동체들을 회유하기 위한 용도라는 불만이 존재했다.

다) 광산 개발과 카논 미네로의 도입(2007-현재)[13]

2000년대 페루는 후지모리의 권위주의 정부를 끝내고 민주 정부 집권과 더불어 광산 개발 확대와 광산 붐 등으로 일련의 정치·경제적 변화를 겪기 시작했다. 형식적·절차상 변화에 한정될지라도 정치는 민주화되고 있었고, 이와 더불어 시민 사회의 정치 참여도 증가하는 상황이었다. 이 상황에서 안데스를 중심으로 전개되기 시작한 광산 반대 운동은 점차 페루의 가장 빈번하고 중요

---

13) 이어지는 산마르코스 사례는 필자의 기존 연구를 참고로 하고 있다. 기존 연구가 2013년까지의 현지 조사를 바탕으로 하기 때문에 산마르코스의 경우에는 2007년부터 2013년까지의 변화라고 서술하는 것이 정확하지만, 이후에도 카논 미네로가 계속 지급되고 있기 때문에 현재까지의 변화라고 보아도 무방할 것으로 판단했다.

한 사회 갈등이 되어 가고 있었다. 문제의 핵심은 노천광 방식의 자본 집약적 대규모 광산이 소외되고 낙후된 안데스 지역 사회에 실질적으로 경제적 기여를 하지 못한 채 일종의 고립 경제로 존재한다는 데 있었다. 또한 영향권에 놓인 지역 사회 주민들은 토지 매각으로 인한 강제 이주와 생계 수단 박탈, 공동체 파괴, 환경오염, 범죄율 증가 등 일련의 심각한 문제에 직면해야 했고, 광산은 지역 사회에 체감할 수 있는 그 어떤 혜택도 제공하지 못하며, 자원을 착취하고 전통적인 경제·사회적 네트워크를 파괴할 뿐이라는 인식이 확산되어 갔다. 광산에 대한 비판적 의식이 확산되고 광산 반대 시위가 급증하면서 사회 갈등의 주요 원인으로 부상하는 가운데,[14] 페루 정부는 2004년 카논 미네로(Canon Minero)를 법제화하며 본격 집행하기 시작했다. 카논 미네로는 2001년 제정된 카논법(Ley del Canon)을 기반으로 하며, 광산업체가 납부하는 소득세의 50퍼센트를 광산이 위치한 지역의 지방 정부와 지역 사회에 직접 배분하는 제도이다. 분배 방식은 광산이 위치한 지역(주, 시, 마을마다 상이한 할당량 지정)에 우선 할당되며, 광산 지역의 경제적 기

---

14) 페루 옴부즈만 사무소(Defensoría del Pueblo)의 월간 사회 갈등 보고서에 따르면 광산 갈등은 사회-환경 갈등 가운데 가장 큰 비중을 차지한다. 예를 들어 가장 최근에 발표된 2025년 2월 보고서(Reporte No. 252)에 따르면 총 191건의 사회 갈등 중 49.7퍼센트인 95건이 사회환경적 갈등 유형으로 분류되었고, 이 가운데 61.1퍼센트인 58건이 광산 관련 갈등이었다. 광업 갈등은 2000년대 초반부터 계속해서 증가하기 시작해 본격적인 대규모 광산 개발이 전국으로 확대되었던 2010년대 중반부터는 사회 갈등의 60-70퍼센트를 차지하게 되었다. 이 과정에서 2011년 콩가 광산 반대 시위는 광산 반대 시위가 극단적인 충돌로 치달았던 상징적인 사건이다.

여도에 따라 구체적 할당량이 매년 조정된다.[15] 법률에 따르면 카논 미네로는 인프라 프로젝트에만 사용해야 하며, 운영 비용에는 사용할 수 없도록 규정되어 있다. 카논 미네로 도입은 후지모리 정부의 중앙집권적 경제 운영에 대한 각 지역의 소외감으로 인한 지방 분권화 요구, 광산 지역의 빈곤 지속과 광산 관련 갈등의 심화, 광업 붐으로 인한 추가 세수 유입으로 재분배 여건 조성 등이 결합된 결과이며, 당시 중도 성향으로 사회적 포용과 분권화를 강조하던 알레한드로 톨레도(Alejandro Toledo, 2001-2006) 정부가 지역 정치 세력과의 연대를 강화하기 위한 주된 수단으로 채택한 측면이 있다. 광산 반대 운동이 단순한 광산에 대한 전면적 거부보다는 광산에서 파생하는 수익의 공정한 분배를 요구하며 전개되는 경우가 많다는 점을 고려하면, 카논 미네로는 영향권에 놓인 지역과 지방 정부 및 지역 사회에 많은 기대를 모았다.[16]

---

15) 카논 법(Ley del Canon, Decreto Supremo No. 005-2002-EF)에 따르면 카논 미네로의 분배 비율은 지방 정부가 75퍼센트로 이는 10퍼센트(마을 단위), 25퍼센트(구, 시 단위), 40퍼센트(지방 정부)로 세분화된다. 나머지 25퍼센트는 지역 정부로 분배되며, 지역의 대학이 이에 포함된다. 2024년 8월 기준 한 해 동안 집행된 카논 미네로 총액은 약 55억 6,400만 솔로 지역별로는 앙카쉬(13억 7,000만 솔), 아레키파(10억 5,100만 솔), 모케과(8억 4,600만 솔), 이카(7억 6,900만 솔)로 집계되었다. 상위 지역들에 분포한 주요 광산들은 앙카쉬주 안타미나 광산, 아레키파주 세로 베르데 광산, 모케과주 케야베코 광산 등이 있고 이외에 카하마르카주의 야나코차 광산, 아푸리막주 밤바스 광산 등이 있다.

16) 다른 자원 부국들에서도 유사한 정책들이 존재한다. 칠레는 2005년 광업특별세(Impuesto Específico a la Minería)를 도입, 광업 수입의 일부를 지방과 지역에 투자한다. 하지만 페루에 비해 중앙 정부의 영향력이 강하고 지역과 지방 분배 비율이 더 낮다. 인도네시아의 수익분배기금(Dana Bagi Hasil)도 석유, 가스, 광업 수익의 일부를 생산 지역에 분배하는 제도로 카논 미네로와 유사하다. 캐나다는 광산 개발 지역

안타미나의 카논 미네로가 지역과 지방에 지급되기 시작한 것은 2006년이었다. 산마르코스는 광물 생산 마을로 앙카쉬에 지급되는 카논 미네로의 10퍼센트를 확보했다. 안타미나가 당시 페루 최대 규모의 동광이었고, 구리 가격 역시 역대급 호황을 누리고 있었던 반면 산마르코스의 인구는 1만 4천 명 규모의 한국의 읍보다도 작은 면 단위임을 고려하면 산마르코스는 페루 역사상 1인당 가장 많은 정부 지원금을 보장받게 된 상황이었다.[17] 2006년부터 매년 한화 400억에서 800억에 달하는 카논 미네로가 지급됐다. 이는 당시 페루 수도 리마의 공공 투자 부분 연평균 예산과 비교해도 리마 예산의 약 3분의 1 정도에 해당하는 엄청난 규모이다. 시행 첫 해인 2007년 지방정부는 지급된 카논 미네로의 4.8퍼센트를 집행했고, 2008년에는 37퍼센트를 집행했다. 미집행 예산은 향후 사용될 수 있도록 누적된다고 하지만 제도적 불안정과 불신이 극심한 페루에서 예산을 사용해 보지도 못하고 추후로 이월시킨다는 것은 용납할 수 없는 일이었다. 주민들의 불만은 극에 달했다. 가장 큰 문제는 지방 정부의 경험 부족이었다. 전형적 안데스 농촌 마을로 한 해 일상적인 정부 예산

의 원주민 공동체와 수익 공유 협약(Impact Benefit Agreement)을 체결하는 관행이 있는데, 이는 개별 자율적 의지에 의존한다. 볼리비아도 유사한 제도를 도입했는데 천연가스직접세(Impuesto Directo a los Hidrocarburos)를 통해 지방 정부에 자금을 지원한다. 하지만 페루처럼 그 규모가 크거나 체계적이지 않다.

17) 카논 미네로 집행으로 산마르코스는 기존에 일자리와 교육 등으로 도시로 이주했던 청년들과 중장년층이 역으로 돌아오는 역이주를 겪었다. 2025년 기준 산마르코스 인구는 19,991명으로 집계되며, 인구 증가의 가장 큰 원인은 카논 미네로로 추정된다.

이 미미한 산마르코스 지방 정부가 전국공공투자부(Sistema Nacional de Inversión Pública, 이하 SNIP) 승인을 받아 공공 개발 사업으로 갑자기 거액을 집행한다는 것은 기존 정부 인력의 역량에서는 불가능에 가까워 보였다. 하지만 2009년부터 갑자기 지급된 예산을 상회해 전전년도와 전년도의 누적 예산까지 모두 소진하는 기적이 벌어졌다. 바로 공공인프라유지사업(Proyecto de Mantenimiento de Infraestructura Pública, 이하 PMIP)로 불리는 사업이 그 비결이었다. 첫 두 해 동안 카논 미네로 집행에 미진한 성과로 인해 파면 위기에 몰렸던 산마르코스 시장(alcalde mayor) 펠릭스 솔로르사노(Félix Solórzano)는 카논 미네로의 20퍼센트를 사회기반시설 운영에 사용할 수 있다는 조항에 근거해 SNIP으로부터 PMIP 승인을 받는 데 성공한다.

PMIP는 공공인프라유지사업이라는 이름과는 달리 실상은 다양한 명목으로 일자리를 창출해 주민들에게 일자리를 만들어 주고 카논 미네로를 임금으로 직접 지급하는 사업이었다. PMIP의 본질은 카논 미네로가 주민들에게 직접 지불되도록 하는 데 있었기 때문에 노동 강도는 사실상 거의 없다고 느껴질 정도로 소소한 일거리들이 주어졌다. 도로를 청소하고, 돌을 줍고, 시설물과 공공시설을 보수하는 등의 다양한 프로젝트가 가동되었고, 고용된 주민들은 최저임금을 크게 웃도는 일당 50솔의 임금을 받았다. 보통 사업은 2주 간격으로 지속되었고 2주당 총 600솔의 임금을 받게 되었는데, 당시 월 최저임금이 550솔이며 농촌인 산마르코스에는 최저임금을 받을 수 있는 일자리가 거의 없다는 점을 고려하면 산마르코스 주민들은 2주 노동으로 최저임금 이상의 수익을 확보하게 된 셈이었다. 2008년 PMIP에 고용되었던 주민들의 수가 총 4천여 명이었고, SNIP이 사회기반시설 예산 사용 가능 비율을 50퍼센트로 대폭 늘리면서 참가자 수는 9천 명으로 증가했다. 사실상 18세 이상의 산마르코스 주민은 거의 다 참여했다고 봐도 무방할 수준이었다.

PMIP의 효과는 복합적이었다. 주로 자급자족 농업에 의존하며 화폐 경제에 필요한 소득 창출을 위해 여분의 농작물을 동네에서 팔거나 도시로 정기적인 노동 이주를 하며 살아오던 농촌 지역에서 PMIP의 영향은 보다 즉각적이었다. 노동 이주 없이 소득 창출이 가능해졌고, 특히 전형적으로 남성들이 노동 이주를 통해 현금 경제를 담당하고 여성들은 집에 남아 밭과 집안 살림을 담당하던 구도에서 벗어나 여성들이 남성과 동등한 수입을 창출하기 시작했다. 이는 보수적인 남성 중심적 가족 관계에도 변화와 갈등을 초래했다. 게다가 농민들은 PMIP에서 일하기 위해 농사를 중단하는 경우가 증가하기 시작했다. 화폐 경제에 익숙한 도시 지역에서 변화는 농촌만큼 극적이지는 않았지만 분명하게 체감할 수 있는 변화는 높아진 물가였다. 일반 식당의 1인분 식사가 기존 4솔에서 2013년에는 9솔부터 15솔까지 4배 가까이 오른 곳들도 있었고, 여관, 호스텔 등 숙소의 숙박비나 단칸방 임대료도 3배에서 심한 곳은 10배까지 인상된 곳도 있었다. 높아진 물가 이외에도 체감되는 큰 문제는 소비 방식이었다. 현금 경제에 익숙하지 않은 농민들은 무계획적으로 소비를 했고, 게다가 최저임금 수준의 돈을 별도로 저축하기에도 여의치 않았다. 대부분의 수입은 식료품과 전자 제품 등 단기성 소비에 쓰였고, 저축을 하는 경우는 거의 볼 수 없었다. 이러한 상황들이 결합되며 주민들은 생계를 이어가기 위해 카논 미네로에 대해 점점 더 의존해 가기 시작했다. 카논 미네로 집행은 기존 안타미나 광산 회사를 향하던 지역 사회의 불만이 즉각적으로 줄어드는 효과를 가져왔다. 이제 광산 수익을 재분배할 주체는 광산 회사가 아니라 지방 정부가 되었고, 광산 회사의 지역 개발 사업에 대한 기대를 드러내는 사람도, 그 효과가 미진하다는 성토를 하는 사람도 찾아보기 어려워 보였다.

안타미나 광산의 엄청난 규모에 비해 직접 수혜자가 되는 산마르코스는 매우 소규모 도시였다는 점에서 산마르코스는 페루에서도 극히 예외적인 사례이다. 대부분의 카논 미네로가 집행되는 지역 사회는 훨씬 큰 규모이기 마련이고, 따라서 집행의 효과도 산마르코스처럼 즉각적이고 가시적이지 않다. 그럼에도 카논 미네로가 집중적으로 지급된 지역들에서는 빈곤율이 전반적으로 감소한 것으로 확인되며, 뿐만 아니라 열악하고 낙후된 지역의 인프라 구축에 도움이 되었다.[18] 이런 긍정적인 측면에도 불구하고 카논 미네로의 장기적 영향에 대해서는 우려할 점이 더 많

18) Loayza, N. & Rigolini, J., "The Local Impact of Mining on Poverty and Inequality: Evidence from the Commodity Boom in Peru", *World Development*, 84: pp. 219-234. 2016.; Arellano-Yanguas J., "Aggravating the Resource Curse: Decentralisation, Mining and Conflict in Peru", *Journal of Development Studies*, 41(4): pp. 617-638, 2011.; Wiener, L., *Debida Diligencia y Minería: Las Bambas*, Cooperacción, 2022.

다. 수혜 지역의 경우 산마르코스처럼 카논 미네로는 정부 예산에 대한 지역 사회의 의존도를 심화시키고 전통적인 생산 활동에 차질을 가져올 수 있다. 더 나아가 이런 혜택이 소위 광산으로 인해 '영향'을 얼마나 받았는가 하는 작위적 기준에 따라 차등 지급됨에 따라 광산의 영향권으로 인정받지 못하는 지역은 철저히 소외된다는 점이며, 이는 지역 갈등을 심화시키는 요인으로 작용하고 있다.

03 광산 개발과 안데스의 생태 환경: 정책과 대응

미국의 인류학자 준 내쉬(June Nash)는 1979년 『우리는 광산을 먹고 광산은 우리를 먹는다(We Eat the Mines and the Mines Eat Us)』라는 제목의 책에서 볼리비아 안데스 주석 광산 노동자들의 고단한 삶과 저항을 서술한다. 이 책의 제목처럼 광산은 식민지 시대부터 수백 년 동안 안데스 일대에서 가장 중요한 수익 창출원이자 노동 현장이 되었고, 이와 동시에 수백 년 동안 광부들의 삶을 소진시켜 왔다. 식민 시대 원주민 노동 착취를 상징하던 미타 노동, 그리고 위험하고 혹독한 노동 환경에도 광산을 떠나지 못하는 광부들, 볼리비아 포토시 광부들은 식민 시대에 그랬듯 현재도 매일 하루의 노동을 시작하기 전 수호신 티오에게 안전을 기원하는 작은 의례로 하루를 시작한다. 광산은 이처럼 착취와 사고를 상징하는 위험하고 부정적인 공간으로 인식되어 왔다. 그렇다면 현재의 현대화된 광산은 어떠할까? 안타미나 광산 인근 마을에서 현지 조사를 수행하던 기간 주민들은 내게 광산의 현대화된 근로자 캠프 시설을 들려주곤 했다. 난방 시설이 갖춰져 있고, 운동 시설과 전용 영화관도 있으며, 리마에서 온 전문 영양사들이 매일 영양가 높은 양질의 식사를 제공해 준다는 설명이었다. 간혹 광산에 취업한 자녀가 있는 이웃은 시기와 부러움의 대상이었다. 분명 세계적인 기업들이 운영하는 현대화된 광산과 전통적인 지하 광산 노동자들의 출신과 이들에 대한 대우는 확연한 차이가 있어 보였다. 그럼에도 광산에 대해 지역 주민들이 느끼는 감정은 보다 복잡해 보였다. 소문으로만 전해 듣는 현대화되고 쾌적한 근로자 캠프를 실제 방문해 본 적이 있는 사람들은 읍내에서는 찾기 힘들었다. 통상적으로 엔지니어라고 통칭되는 광산의 숙련된 전문 인력들은 리마나 그 외의 대도시에 가족을 두고 있기 마련이기 때문에 주말이나 휴일에도 인근 도시인 산마르코스를 찾을 일은 없었다. 한 마디로 광산은 그저 외부인들만의 세상으로 존재하는 듯 보였다. 그럼에도 광산은 끊임없이 다양한 방식들의 주민들의 일상에 그리고 생계에 위협을 가했다. 박사학위를 끝내고 추가 현지조사를 위해 방문했던 2012년 당시 안타미나 광산에서 와르메이 항구로 광석을 운반하기 위해 설치한 파이프라인이 카하카이(Cajacay) 마을 인근에서 파열되며 독성 성분이 누출되었고, 최소 350명이 오염에 노출되는 사건이 발생했다. 광산이 생산을 시작한 지 24년이 지난 최근까지도 환경 문제, 수자원 감소 등의 문제는 계속 이어지고 있다. 주민들은 광산으로 물과 토양이 심각하게 오염되어 건강이 악화되고 있다고 호소했고, 결국 2024년 1월, 페루 당국은 광산 주변 수원에서 높은 수준의 중금속이 검출된 사실을 인정하고 산마르코스를 비롯한 인근 지역에 건강 및 환경 비상사태를 선포했다. 그럼에도 같은 해 2월, 페루 당국은 안타미나의 20억 달러 규모 확장 계획을 승인해 광산 수명을 2028년에서 2035년으로 연장했다. 이 확장에 따르면 노천 광상을 25퍼센트 확대하고 채굴 깊이를 150미터 더 깊게 만들게 될 예정이다. 하지만 기존의 환경 오염에 대해서도 정부와 사측이 무책임한 자세로 일관하는 상황에서 주민들은 확장으로 인한 추가적인 환경 파괴를 우려하며 확장에 반대하는 입장이다.

광산으로 인한 환경 파괴와 수자원 고갈은 안데스 주민들이 광산에 반대하는 가장 주된 요인이 되어 왔다. 대표적인 사례들을 살펴보자. 2011년 11월 페루 안데스 북부에 위치한 카하마르카 주의 셀렌딘(Celendín), 밤바마르카(Bambamarca), 왈가욕(Hualgayoc) 등의 주민들은 콩가(Conga) 프로젝트에 반발하며 도로 봉쇄와 대규모 집회를 주도했다. 콩가 반대 시위는 11월 24일 약 1만 명이 참여하는 대규모 시위로 확대되었고, 지역 상점과 학교가 문을 닫고 도로가 봉쇄되며 도시 전체가 마비되었다. 당시 카하마르카 주지사였던 그레고리오 산토스(Gregorio Santos)도 반광산 운동에 적극 참여하며 '콩가 노 바(Conga No Va)' 캠페인을 주도했고, 케추아 농민들은 파차마마 보호를 외치며 시위의 주축이 되었다. 페루 내 가장 영향력 있는 원주민 단체인 '광산에 의해 피해를 입은 페루 공동체 국가 연합(Confederación Nacional de Comunidades del Perú

〈그림 6〉・페루 안타미나 노천 광산에서의 발파.
출처: 위키피디아.

Afectadas por la Minería)'도 합류했다. 시위가 이어지며 결국 11월 29일 콩가 프로젝트를 주도했던 뉴몬트 사와 부에나벤투라 사는 48억 달러 규모의 투자를 목표로 했던 야나코차 광산 확장 사업인 콩가 프로젝트의 일시 중단을 선언했다. 하지만 전면적 사업 취소를 주장하는 주민들과의 갈등은 계속되었고, 2012년 7월 3일 셀렌딘에서 주민과 경찰의 충돌로 주민 3명이 사망하는 사건이 일어나며 광산에 대한 전국적 공분이 일어났다. 페루 정부는 12월 3일 비상사태를 선언했지만 반광산 저항은 계속되었고, 결국 2016년 4월 뉴몬트 사는 공식적으로 프로젝트 보류를 선언하고 매장량 목록에서 제외했다. 콩가 프로젝트는 4개의 고산 호수를 제거하고 이를 인공 저수지와 광산 폐기물 저장소로 대체할 계획이었다. 하지만 이 호수들은 지역 강의 수원으로 농업과 식수에 필수적이었으며, 이는 농업과 목축에 의존하는 인근 주민들의 생계를 파괴할 뿐만 아니라 카하마르카 도시 주민들에게도 악영향을 미칠 것으로 우려됐다. 뿐만 아니라 콩가 지역은 고산 생태계로 고유종과 멸종 위기종을 포함한 약 460종의 식물과 약 220종의 척추동물이 서식하는 곳으로, 노천 채굴로 인공 저수지와 광미 저장소가 조성될 경우 생태계 파괴가 우려됐다. 콩가 반대 운동의 승리는 페루 반광산 운동에 고무적인 함의를 남겼다. 콩가 반대 시위가 성공할 수 있었던 배경에는 카하마르카 콩가 인근 지역의 농민 공동체가 외친 "물은 Yes, 광산은 No(Agua Sí, Mina No)!"라는 구호처럼 광산 보상금보다 물과 농지를 지켜야 한다는 광범위한 공감대가 지역 사회에 형성되어 있었고, 조상 대대로 지켜오던 안데스의 가치인 파차마마에 대한 유대감을 단기적 보상보다 우선시했기 때문이다. 콩가 프로젝트가 중단되기 전 뉴몬트 사는 약 200가구에 토지 매입을 제안했지만 대부분 거절당했고, 콩가 주민들은 이주나 보상보다는 저항을 선택했다. 이와 더불어 카하마르카주 정부가 광산 반대 운동에 적극적으로 협력했던 점도 중요한 요인이 되었다.

지역의 반대로 광산 개발이 무기한 중단된 또 다른 대표적인 사례는 페루 안데스 남부 아레키파(Arequipa)주의 이슬라이(Islay)에 위치한 동광인 티아 마리아(Tía María) 광산이다. SPCC가 추진한 티아 마리아는 약 14억 달러 규모로, 인구 약 2만 4천 명의 안데스 농촌 도시인 탐보밸리(Tambo Valley) 인근에 위치했다. 주민들은 광산이 탐보 강을 오염시키고 농업용 수자원을 고갈시킬 것을 우려했다. 또한 노천 채굴로 발생하는 먼지와 독성 광미로 인한 오염 우려가 제기되었다. 이뿐만 아니라 안타미나의 사례처럼 일자리 창출 효과가 미미할 것이라는 우려도 제기되었다. 2009년 4월 SPCC는 환경영향평가(EIA)를 제출했지만 주민들은 이를 신뢰하지 않았고, 2011년 3월, 유엔의 프로젝트 서비스 사무국(UNOPS)의 검토 결과 138개의 문제점이 지적되었다. 이에 주민들은 무기한 파업을 선언하고 도로 봉쇄에 나섰고 경찰과의 충돌로 3명의 사망자와 수십 명의 부상자가 발생하며 프로젝트의 일시 중단이 선언되었다. 하지만 2014년 8월 SPCC가 제출한 수정된 EIA가 정부 승인을 받으며 반대 운동이 다시 시작되었다. 이듬해 5월 시위는 더욱 격해졌고, 이에 정부는 이슬라이에 60일간 비상사태를 선포했지만, 경찰과의 충돌에서 또다시 3명이 사망하고 수백 명이 부상당했다. 이로 인해 프로젝트가 다시 중단되었지만 2019년 7월 마르틴 비스카라(Martín Vizcarra) 정부가 건설 허가를 다시 승인하고 재추진을 시도하며 강력한 반발이 또다시 시작되었다. 결국 2021년 9월 페드로 카스티요(Pedro Castillo) 대통령 취임 후 페루 정부는 티아 마리아를 사회적, 정치적으로 불가능한 프로젝트로 진행 불가하다고 선언한다. 그럼에도 SPCC는 여전히 프로젝트 재개를 노리고 있고, 2024년 7월 재개 계획을 발표했지만 지역 사회의 동의를 얻을 가능성은 매우 낮아 보인다.

프로젝트 중단이나 취소까지 이르지 않더라도 광산으로 인한 지역 주민과의 갈등과 이로 인한 분쟁은 페루 전역에서 계속되고 있다. 예를 들어 페루 최대 규모의 자본이 투자된 밤바스 광산은 지속적인 지역 사회와의 갈등으로 수차례 생산 지연을 겪었으며, 갈등은 여전히 진행 중이다. 안데스 남부 아푸리막(Apurímac)에 위치한 밤바스 광산은 중국 국유 기업인 민메탈스(China Minmetals Corporation) 자회사 MMG Limited가 단독 운영하며, 중국 칭화 유니그룹 자회사인 귀신국제투자(Guoxin International Investment)와 중국 시티 그룹 자회사 시틱메탈(Citic Metal)이 공동 투자했다. 밤바스는 중국 정부의 해외 자원 확보 전략과 '일대일로 이니셔티브(Belt and Road Initiative)'의 일환으로 광산의 인수와 개발 자금 일체가 중국개발은행(China Development Bank)이 주도한 신디케이트론으로 조달되었다. 페루 노천광 부문에서 중국 국유 기업으로 최초로 진출했던 셔우강 철강 회사(Shougang Group)가 마르코나 광산을 운영하며 지역 사회뿐만 아니라 페루 정부와도 극심한 갈등을 겪었던 것과는 달리 MMG는 기업의 사회적 책임에 관한 국제적 규범을 준수하겠다는 입장을 명확히 밝히고, 호주에 있는 해외 지사의 인력과 정보력을 적극 활용했으며, 최고 경영진과 관리직 대부분을 페루 현지인과 호주인들로 구성하는 듯 중국적 색채를 지우고 국제적 규범을 강조하는 태도를 취했다.[19] 하지만 이런 변화된 모습도 갈등을 방지하지는 못했다. 가장 큰 문제는 MMG가 밤바스를 매입하는 과정에서 기존 소유권자였던 엑스트라타(Xstrata)가 발표했던 환경영향평가(EIA)에서 제시했던 생산 단계와 상이한 생산 절차들이 주민들의 추가적 동의 없이 페루 정부와의 협의만으로 단독 통과되며 시작되었다. 이에 따라 몰리브덴 처리 공장과 여과물 처리 공장이 기존 엑스트라타가 소유한 틴타야 광산 인근이 아닌 밤바스 광산 인근 지역에 설치되었고, 광물 운송 방식이 파이프라인에서 도로로 변경되었다. 2015년 9월 밤바스 광산에 반대하는 1만 5천여 명의 주민들이 반대 시위를 벌였고, 시위 진

---

19) 이는 민메탈의 특징이기도 했는데, 민메탈은 중국 기업으로는 유일하게 국제광업금속협회(International Council on Mining and Metals, ICMM)에 가입하고 채굴산업투명성운동기구(Extractive Industries Transparency Initiative, EITI)를 지지하는 등 기업의 사회적 책임과 관련된 국제기업규범기구에 적극 참여해 왔다. 전 세계 28개 국가에 설립되어 있는 해외 지사를 토대로 중국 본사를 통한 수직 경영보다는 개별 사업 관리에 최적화된 해외 지사의 인력과 정보력을 활용하고 있으며, 투자 협상과 경영 전반에서 인력을 중국인들보다는 현지인과 해외 전문가로 채우고 있다. 이처럼 탈중심화되고 탈중국화된 국제화를 핵심 기업 전략으로 내세워 왔다. 이와 관련해서는 필자의 연구 논문을 참조하기 바란다. 강정원, 「페루 광산업 부문에서 중국 국유기업의 행태와 전략: 서우강, 치날코, MMG 사례 비교」,《라틴아메리카연구》, 29(4): 103-143쪽, 2016.

압 과정에서 3명의 사망자와 수십 명의 부상자가 발행했다. 정부는 비상사태를 선언하고 협상에 돌입, 결국 MMG는 2016년 예정대로 1차 구리 정관 선적을 개시했다. 하지만 광산 매입지였던 푸에라밤바(Fuerabamba) 공동체들을 재이주시키며 조성한 신도시인 누에바 푸에라밤바(Nueva Fuerabamba) 주민들의 시위가 이어졌고, 2019년 이들은 66일간 도로를 봉쇄하며 농지와 지속 가능 생계에 대한 약속 이행을 요구했다. 2022년에도 분쟁은 다시 극에 달해 푸에라밤바와 인근 완쿠이레(Huancuire) 공동체 주민들이 광산 부지를 점거하며 50일 이상 밤바스 광산 운영이 중단되었다. 갈등은 복합적이었지만, 광산으로 인한 환경 오염, 그리고 이로 인한 농지 황폐화와 가축에 대한 피해, 미미한 일자리 창출 효과, 광석 운송 도로 사용료 요구 무시 등이 핵심 원인이었다.

페루 정부는 광산 부문에서의 환경적, 사회적 피해를 줄이기 위해 일련의 제도적 장치들을 도입해 왔다. 대표적인 정책들로 환경영향평가제(Environmental Impact Assessment, EIA), 사전인지동의제(Free, Prior, Informed Consent, FPIC), 광산 폐쇄법 제정, 비상사태 선포, 기업의 사회적 책임 강화, 카논 미네로 등을 들 수 있다. 이 가운데 광산 프로젝트의 승인과 집행 과정에서 주민의 발언권을 일정 부분 보장한 제도인 환경영향제도와 사전인지동의제를 간략히 살펴보자. EIA는 1969년 처음 미국에서 시작되었다. 우리나라에서는 1977년 환경보전법 제정과 함께 처음 도입되었고, 1993년 환경영향평가법 제정으로 보다 체계화되었다. 페루에서는 2001년 제정된 국가 환경영향평가법(Ley No. 27446)을 통해 공식적으로 도입되었다. 광산 회사들은 타당성 조사로 사업 시행을 결정하면 승인을 받기 전 필수적으로 EIA를 작성해 그 초안을 주민들에게 공개할 의무가 있다. EIA에는 사업이 미칠 일련의 환경적, 사회적 영향이 기술되어야 하며, 대기질, 수질, 토양, 생물 다양성 등에 미칠 영향과 지역 주민의 건강, 생계, 문화적 자원 등에 미치는 변화가 항목에 포함된다. EIA에 주민들이 동의하지 않을 경우 주민 요구를 반영해 사업 계획을 일부 조정하도록 권유되며, SENACE(Sistema Nacional de Evaluación de Impacto Ambiental), 에너지광업부(MINEM), 옴부즈만 국가 기관이 갈등 조정 기관으로 중재에 나서기도 한다. EIA에 대한 주민의 반대는 실제 광산 프로젝트의 취소 또는 장기간 지연으로 이어지기도 했다. 예를 들어 앞서 언급했던 티아 마리아 광산의 경우, 프로젝트 시행권을 소유한 SPCC가 2009년 처음 EIA를 제출했을 때 주민들은 강력하게 반발했고, 인근 공동체에서는 투표에서 90퍼센트 이상이 개발에 반대했다. 이듬해 지역 주민들과 환경 단체들은 페루 정부에 보다 철저한 검토를 요구했고, 이에 페루 에너지광업부는 외부 기관의 개입이 필요하다고 판단, 유엔프로젝트서비스기관(UNOPS)에 EIA 검토를 공식 의뢰하게 된다. 약 4개월간의 검토 후 UNOPS는 138개의 문제점을 지적한 보고서를 작성했다. UNOPS의 보고서는 SPCC에 대한 주민들의 불신의 근거가 되었고, 이후 사측이 수정한 EIA에 대해서도 주민들은 거부 의사를 보이며 결국 광산 프로젝트가 무기한 중단되는 결과로 이어졌다. 밤바스 광산의 경우에도 주민들과의 동의를 거치지 않은 EIA 수정이 초기부터 문제가 되었고, 광산 생산 개시 이후에도 주민들이 광산 회사를 불신하는 주된 원인으로 작용하며 분쟁이 이어지고 있다. 물론 대부분의 광산에서 EIA에 대해 주민들의 반대 여론이 높더라도 사업이 강행되어 왔으며, EIA의 전문적 용어에 익숙하지 않은 주민들을 위한 지원이 거의 없는 상태에서 형식적인 절차로만 주민 설명회가 시행되는 경우가 많다는 한계도 존재한다. 그럼에도 주민들이 공동 대응을 통해 EIA의 개선을 요구하거나, EIA의 내용을 강경히 거부할 경우 이는 회사 측뿐만 아니라 정부에도 상당한 압력으로 작용할 수 있다.

한편 FPIC도 광산 프로젝트에서 주민들의 목소리를 반영하기 위해 마련된 제도로서 주목할 필요가 있다. 페루는 1994년 국제노동기구(ILO) 169조 협약에 서명했는데, 이 협약은 원주민과 부족민의 권리를 보호하기 위한 국제 기준을 설정한 것으로 FPIC 원칙을 핵심 내용으로 포함하고 있다. 이후 2007년 유엔 원주민권리선언(UNDRIP)의 10조는 FPIC 원칙을 다음과 같이 명시했다. "원주민들은 그들의 땅이나 토지로부터 강제로 추방되지 않아야 한다. 그 어떤 재이주도 관련된 원주민들의 자유로운 사전 인지 동의 없이는 이루어져서는 안 되며, 동의 후에는 정당하고 공정한 보상과, 가능한, 귀환을 선택할 기회가 주어져야 한다."[20] 라

---

20) 원문은 다음과 같다: "Indigenous Peoples shall not be forcibly removed from their lands or territories. No relocation shall take place without the free, prior and informed consent of the Indigenous Peoples concerned and after agreement on just and fair compensation and, where possible, with the option of return."

틴아메리카에서는 15개 국가가 1989년 채택된 ILO 169조 협약을 비준하며 그 어떤 지역보다도 가장 진보적인 입장을 보였다.[21] 하지만 특정한 국내법으로 명문화해 구속력을 부여한 국가는 라틴아메리카에서 페루가 유일하다.[22] 페루는 2011년 '원주민 또는 부족민의 사전 협의에 관한 법(Ley de Consulta Previa)'을 제정, FPIC를 국내법에 명문화했다. 이 법에 따라 정부와 기업은 원주민의 땅에서 개발 프로젝트를 진행할 때 사전에 반드시 해당 원주민과 협의해 동의를 얻어야 한다고 규정한다. 원주민 정치 세력화가 원주민 인구에 비해 상대적으로 약한 페루에서 FPIC 법제화가 가장 적극적으로 추진된 결정적 배경은 2009년 발생한 바구아(Bagua) 충돌이었다. 바구아 사건은 2009년 6월 5일, 페루 북부 아마조나스 지역의 바구아에서 발생했다. 당시 페루 정부는 2008년 미국과의 자유무역협정(FTA) 체결 후 아마존에서 석유와 천연가스 및 벌

---

21) 현재까지 ILO 169조 협약을 비준한 국가는 총 24개국이다. 이 가운데 15개국이 라틴아메리카 국가들로, 원주민 권리에 대한 국제 규범에서 라틴아메리카 국가들이 상대적으로 진보적인 입장을 취해 왔음을 알 수 있다. ILO 169조 협약을 비준한 라틴아메리카 국가들은 다음과 같다. 아르헨티나(비준일 2000.06.03.), 볼리비아(1991.12.11.), 브라질(2002.07.25.), 칠레(2008.09.15.), 콜롬비아(1991.08.07.), 코스타리카(1993.04.02.), 도미니카(2002.06.25.), 에콰도르(1998.05.15.), 과테말라(1996.06.05.), 온두라스(1995.03.28.), 멕시코(1990.09.05.), 니카라과(2010.08.25.), 파라과이(1993.08.10.), 페루(1994.02.02.), 베네수엘라(2002.05.22.).

22) 볼리비아, 콜롬비아, 에콰도르도 자원개발 프로젝트에 대한 협의 의무를 법령 또는 행정 명령에 포함시켰지만 특별법으로 별도로 지정하지 않았고, 따라서 그 적용이 페루에 비해 훨씬 제한적이다. 예를 들어 볼리비아는 2009년 헌법에 FPIC 관련 조항을 포함했지만 이는 자원 개발의 특정 단계에 제한될 수 있도록 되어 있어 적용이 제한적이다. 콜롬비아의 경우 법령을 통해 FPIC를 인정했지만, 법령 형태로 입법부가 제정한 법보다 행정적 성격이 강하다.

목 등의 개발을 촉진시키기 위한 일련의 법안을 통과시켰다. 개발이 추진되면 지역 원주민들의 토지와 생태계에 심각한 위협이 가해질 것으로 우려되었고, 이에 반발한 원주민들이 대규모 시위에 나서며 갈등이 시작됐다. 초기 두 달가량 원주민들이 평화로운 시위를 이어가던 중 6월 5일 페루 정부가 경찰과 군대를 투입해 강제 해산에 나서며 무력 충돌로 이어졌고, 이로 인해 원주민 10명과 경찰 23명이 사망하고 수백 명이 부상을 입는 참사가 발생했다. 이 비극적 충돌은 개발 사업에서 원주민 권리 보호와 사전 협의의 필요성에 대한 사회적 합의가 확산되는 계기가 되었고, 정부에 큰 정치적 압박이 되었다. 그리고 바구아 충돌은 2011년 당시 페루의 오얀타 우말라 정부가 사전협의법(Ley No. 29785)을 제정하게 된 주된 배경이 되었다. 비록 FPIC가 페루의 국내법에 포함되었지만 실제 효력과 관련해서는 많은 한계와 문제점이 존재한다. 첫째, 사전 협의가 단순한 형식적인 절차로 변질되어, 진정한 동의를 얻기보다는 정부나 기업이 사업을 정당화하는 수단으로 사용된다는 지적이 제기된다. 둘째, 원주민 공동체가 프로젝트의 사회적, 환경적 영향을 이해할 수 있을 만큼 충분하고 투명한 정보를 제공받지 못하는 경우가 일반적이다. 셋째, 원주민이 동의하지 않는다고 해서 프로젝트를 취소시켜야 한다는 법적 구속은 없기 때문에 정부와 기업의 우선순위에 따라 주민 반대에도 불구하고 프로젝트를 강행하는 경우가 일반적이다. 하지만 이런 한계에도 불구하고 FPIC는 EIA와 더불어 부당한 자원 개발에 맞서 원주민들이 공동체와 생계, 더 나아가 파차마마를 지켜내기 위해 벌여

왔던 문화적, 정치적 저항의 성과이며, 이제는 원주민들의 저항에 중요한 수단이 되고 있다는 점을 주목할 필요가 있다.

제 4 장

도시의 생태 환경:
도농 격차와 도시의 주거 환경

01 '깊은 페루'와 페루의 이중적 구조

페루의 저명한 역사학자인 호르헤 바사르데(Jorge Basarde)는 1947년 출간한 저서 『페루 역사 속의 군중, 도시, 시골(*La multitud, la ciudad y el campo de la historia del Perú*)』에서 페루의 이중적 구조를 설명하며 '깊은 페루(Perú profundo)'라는 개념을 도입했다. 바사르데는 페루의 정체성을 형성하는 데 중요한 역할을 하지만 국가의 공적 담론에서 소외된 안데스의 원주민, 농민, 도시 빈민을 전통적이고 뿌리 깊은 사회로 규정하여 '깊은 페루'라 칭했으며, 이에 반해 공식적 영역에서 현대화된 페루를 상징하는 도시 엘리트와 권력자를 '공적 페루(Perú legal)'로 구분했다. 이후 페루의 저명한 소설가 호세 마리아 아르게다스(José María Arguedas)는 1958년 출간된 세 번째 소설 『깊은 강들(*Los ríos profundos*)』에서 바사르데의 '깊은 페루' 개념을 문학적으로 재해석하며, 안데스 원주민 문화의

깊은 뿌리와 현대 페루 사회에서 이들이 겪는 소외를 탐구했다.[1]

'깊은 페루' 개념은 리마 중심의 중앙집권적 정치 체제가 안데스와 아마존을 소외시키는 페루의 이중적 구조를 직관적으로 드러낸다. 이러한 이중성은 사실상 식민지 시대 초기로 거슬러 올라간다. 프란시스코 피사로는 1533년 아타왈파 잉카 황제를 처형한 후, 1535년 리마를 '왕들의 도시'로 건설했으며, 이후 1542년 부왕령 설립과 함께 리마가 수도로 공식 지정되었다. 리마로의 수도 이전은 스페인 본국과의 해상 교역 및 통신, 그리고 광대한 영토를 관리하기 위한 행정적 필요가 주된 요인으로 작용했을 가능성이 크다. 또한, 기존 원주민 중심지였던 쿠스코에서 물리적으로 떨어져 있어 잉카 저항을 통제하기에 유리했으며, 스페인 정복자들에게 산악 지대의 생태 환경이 적응하기 어려웠던 점도 영향을 미쳤을 것이다. 아스테카 수도였던 테노치티틀란을 수도로 삼은 누에바 에스파냐 부왕령과 달리, 페루 부왕령은 원주민의 중심지와 식민지 행정 중심이 지리적으로 분리되어 있었으며, 이는 쿠스코에 대한 의도적 배제를 시사한다. 리마 중심의 식민지 행정은 원주민 언어와 전통을 공식적으로 인정하지 않았고, 원주민은 하층 계급으로 차별받았다. 이는 잉카 문화와 원주민 정체성으로 구

---

1) 이 소설의 주인공 에르네스토는 안데스 공동체에서 자란 메스티소 소년으로, 안데스 자연과 문화에 깊은 감성을 지니고 있다. 백인 아버지와 원주민 양육자 사이에서 성장하며 두 세계 사이에서 정체성의 혼란을 경험하는 에르네스토를 통해 아르게다스는 안데스 문화가 단순히 소외된 전통이 아니라 현대 페루의 살아 있는 정체성임을 강조한다.

성된 '깊은 페루'에 대한 억압을 통해 스페인 문화를 중심으로 한 '공적 페루'를 강화한 결과였다. 경제적 불평등도 심화되었는데, 리마는 포토시 은광을 비롯해 안데스 지역의 자원을 스페인으로 송출하는 중심지로 기능했으며, 이는 미타 노동을 통한 안데스 원주민의 노동력 착취로 가능했다.

'공적 페루'에 의한 '깊은 페루'의 소외와 배제, 경제적 불평등, 정치적 갈등으로 특징지어지는 페루의 이중적 구조는 독립 이후 현대에 이르기까지 지속되어 왔다. 앞서 언급했듯이, 페루는 해안, 안데스, 아마존 세 개의 뚜렷한 지역으로 구분되며, 이러한 구분은 단순히 지리적·생태적 차이를 넘어 정치, 경제, 사회, 문화 전반에 걸쳐 나타난다. 특히 해안 지역으로의 정치적 권력과 문화적·경제적 자원의 집중이 이들 지역 간 관계의 핵심 특징이다. 예를 들어, 페루 통계청의 『페루의 소득빈곤변화보고서 2014-2023(*Perú: evolución de la pobreza monetaria, 2014-2023*)』에 따르면 2023년 페루 1인당 월 소득은 도시 지역에서 1,257솔(약 50만 원), 농촌 지역에서 700솔(약 28만 원)로, 도시 소득이 농촌보다 약 1.8배 높았다. 지역별로는 해안이 1,282솔(약 51만 원)로 가장 높았고, 안데스 1,003솔(약 40만 원), 아마존 900솔(약 36만 원) 순으로 아마존이 가장 낮았다. 각 지역의 도시와 농촌을 세분화해 조사하면 격차는 더욱 두드러지는데, 소득이 가장 높은 리마-카야오 수도권은 1,332솔(약 53만 원)인 반면, 가장 낮은 안데스 농촌은 688솔(약 27만 원), 아마존 농촌 643솔(약 26만 원)로 약 2배의 차이를 보였다. 과거 데이터를 살펴보면, 코로나19 이전인 2014년부터 2019년까지 지

Ámbitos Geográficos Dominios	2014	2015	2016	2017	2018	2019	2020	2021	2022	2023	Variación Porcentual	
											2023/2022	2023/2019
Nacional	1211	1214	1253	1234	1262	1278	1013	1144	1160	1148	-1,0	-10,2 ***
Urbana	1406	1404	1448	1423	1440	1445	1120	1254	1275	1257	-1,4	-13,0 ***
Rural	599	599	600	583	629	666	606	717	699	700	0,3	5,2 ***
Region natural												
Costa	1428	1437	1494	1471	1486	1490	1142	1283	1292	1282	-0,8	-14,0 ***
Sierra	973	961	975	950	1002	1040	862	980	1014	1003	-1,0	-3,6
Selva	890	898	907	912	927	934	812	928	926	900	-2,9	-3,7
Dominio												
Costa urbana	1286	1281	1320	1327	1354	1375	1106	1279	1277	1242	-2,7 **	-9,6 ***
Costa rural	848	801	850	844	892	917	812	1013	972	898	-7,6 **	-2,0
Sierra urbana	1363	1323	1342	1297	1340	1359	1079	1197	1266	1238	-2,2	-8,9 ***
Sierra rural	578	584	577	563	614	660	594	702	684	688	0,5	4,2 *
Selva urbana	1136	1138	1145	1165	1163	1157	969	1102	1098	1034	-5,8 ***	-10,6 ***
Selva rural	538	542	545	514	542	558	540	615	608	643	5,8 **	15,3 ***
Lima Metropolitana 1/ y Prov. Callao	1571	1592	1660	1614	1615	1607	1189	1305	1323	1332	0,7	-17,1 ***

〈표 1〉 • 페루 지역 간 및 도농 간 월 소득 격차, 2014-2023년.

출처: INEI, *Perú: evolución de la pobreza monetaria, 2014-2023*, 39쪽.

역 간 및 도농 간 소득 격차는 더 컸으며, 리마와 안데스·아마존 농촌 간 소득 차이는 최대 3배에 달했다(표 1 참조). 코로나 이후 격차가 다소 줄어든 이유는 팬데믹이 도시 거주민의 소득에 더 큰 타격을 주어 도시 소득이 급격히 감소했기 때문으로 보인다.

페루의 지역 간 및 도농 간 소득 격차는 빈곤율에서도 유사한 양상으로 나타난다. 『페루의 소득빈곤변화보고서 2014-2023』에 따르면 도시의 빈곤율은 26.4퍼센트인 데 반해 농촌은 39.8퍼센트로, 리마 및 수도권의 빈곤율이 28.7퍼센트인 반면 안데스 농촌은 43.1퍼센트로 상당한 차이를 보였다. 그러나 빈곤율의 지역 간 격차는 월 소득만큼 두드러지지 않았는데, 이는 코로나19로

Área de residencia, Región Natural y Dominios geográficos	2014	2015	2016	2017	2018	2019	2020	2021	2022	2023	Diferencia (Puntos porcentuales)	
											2023/2022	2023/2019
Nacional	**22,7**	**21,8**	**20,7**	**21,7**	**20,5**	**20,2**	**30,1**	**25,9**	**27,5**	**29,0**	**1,5 *****	**8,8 *****
Urbana	15,3	14,5	13,9	15,1	14,4	14,6	26,0	22,3	24,1	26,4	2,3 ***	11,8 ***
Rural	46,0	45,2	43,8	44,4	42,1	40,8	45,7	39,7	41,1	39,8	-1,3	-1,0
Región Natural												
Costa	14,3	13,8	12,8	14,4	13,5	13,8	25,9	22,1	24,3	26,4	2,1 **	12,6 ***
Sierra	33,8	32,5	31,7	31,6	30,4	29,3	37,4	32,5	32,4	32,8	0,4	3,5 ***
Selva	30,4	28,9	27,4	28,6	26,5	25,8	31,0	26,4	30,2	31,6	1,4	5,8 ***
Dominio												
Costa urbana	16,3	16,1	13,7	15,0	12,7	12,3	22,9	17,9	19,4	22,9	3,5 ***	10,6 ***
Costa rural	29,2	30,6	28,9	24,6	25,1	21,1	30,4	21,5	26,6	26,0	-0,6	4,9 *
Sierra urbana	17,5	16,6	16,9	16,3	16,7	16,1	27,0	23,3	23,5	25,2	1,7	9,1 ***
Sierra rural	50,4	49,0	47,8	48,7	46,1	45,2	50,4	44,3	44,1	43,1	-1,0	-2,1
Selva urbana	22,6	20,7	19,6	20,5	19,3	19,0	26,3	21,6	25,4	29,1	3,7 **	10,1 ***
Selva rural	41,5	41,1	39,3	41,4	38,3	37,3	39,2	35,0	39,2	36,3	-2,9	-1,0
Lima Metropolitana [1/] y Prov. Const. del Callao	11,8	11,0	11,0	13,3	13,1	14,2	27,5	24,9	27,3	28,7	1,4	14,5 ***

〈표 2〉· 페루 지역 간 및 도농 간 빈곤율 추이, 2014-2023년.

출처: INEI, *Perú: evolución de la pobreza monetaria, 2014-2023*, 68쪽.

인해 도시 빈곤율이 급격히 상승한 영향으로 보인다. 예를 들어 2019년과 2020년을 비교하면 페루 전체 빈곤율은 20.2퍼센트에서 30.1퍼센트로 증가했으며, 세부적으로 도시 빈곤율은 14.6퍼센트에서 26퍼센트로 큰 폭으로 상승한 반면, 농촌 빈곤율은 40.8퍼센트에서 45.7퍼센트로 증가폭이 도시보다 상대적으로 작았다(표 2 참조). 이처럼 코로나19는 페루에 심각한 경제적 충격을 가하며 월 소득 감소와 빈곤율 증가를 초래했으며, 현재까지도 코로나 이전 수준으로 회복되지 못하고 있다. 특히 코로나19는 도시에 더 큰 부정적 영향을 미쳐, 역설적으로 도농 간 및 지역 간 소득 격차가 다소 완화되는 결과를 낳았으나, 그럼에도 불구하고 여전히 도농 간, 지역 간 격차가 존재함을 확인할 수 있다.

　페루의 지역 간 격차는 단순한 소득 수준의 차이를 넘어서 사회적 기본 서비스 접근성, 정치권력의 분배, 사회적·문화적 자본과 같은 광범위한 영역에 걸쳐 나타난다. 앞선 장에서 논의한 바와 같이, 광업은 자원 수출에 의존하는 페루 경제에서 수출의 절반 이상을 차지하는 핵심 산업으로서 중요한 위치를 점하고 있다. 그러나 광업 활동에서 발생하는 수익은 지역 경제 활성화에 기여하는 바가 미미하며, 오히려 광산 개발로 인해 삶의 터전을 상실하거나 생계 기반을 위협받는 안데스 원주민들의 목소리는 정책 결정 과정에서 거의 반영되지 않고 있다. 중앙정부의 지속적인 무관심과 억압에 대한 주민들의 강한 반발은 환경영향평가(EIA)와 사전협의제(FPIC) 등 일련의 제도적 장치가 마련되는 계기가 되었으나, 이러한 정책들이 실제로 원주민들의 입장을 일부라도 반영하기 위해서 원주민 공동체가 또다시 힘겨운 투쟁과 저항을 지속해야만 했다. 리마 중심의 '공적 페루'에 의해 안데스와 아마존이 소외되는 현상은, 페루가 남미에서 원주민 수가 가장 많은 국가라는 사실을 고려할 때 다소 모순적으로 보일 수 있다. 예를 들어, 21세기 초반 이웃 국가인 볼리비아와 에콰도르에서는 각각 에보 모랄레스(Evo Morales, 2006-2019)와 라파엘 코레아(Rafael Correa, 2007-2017)가 집권하며 원주민 중심의 정치 개혁을 추진했고, 이를 통해 원주민의 문화적 정체성을 국가적으로 보장하기 위한 신헌법 제정 및 정책적 보완이 상당 부분 이루어졌다. 반면, 신좌파 개혁과 원주민 정치 세력화가 남미 전반을 휩쓴 이른바 '핑크타이드(Pink

Tide)'[2] 시기에도 페루는 예외적으로 보수 정치인들이 권력을 독점했으며, 원주민의 정치 세력화는 미약한 수준에 머물렀다.

페루의 지역 간 격차와 원주민 소외의 원인은 다층적이며 복합적이다. 많은 학자들은 페루의 중앙집권적 정치 체제를 그 근본 원인으로 지목한다. 예를 들어, 페루의 정치학자 마르틴 타나카 (Martín Tanaka)는 페루의 정치 시스템이 엘리트 중심적으로 형성되어 원주민과 같은 소수 집단의 참여를 구조적으로 배제한다고 비판하며, 지방 분권과 지역 대표성 강화를 위한 제도적 개혁을 해법으로 제시한다.[3] 정치학자 스티븐 레비츠키(Steven Levitsky)는 페루 정당 시스템의 불안정성과 단기적 성격이 원주민 대표성을 저해한다고 본다. 이념적 일관성이나 지역 기반이 약하고, 특정 정치인 중심으로 운영되는 정당 구조는 원주민 공동체가 아닌 소수 리마 엘리트의 단기적 이익에 치중한다고 본다.[4] 한편 인류학자

---

2) 핑크타이드는 21세기 초부터 라틴아메리카에서 좌파 정부가 집권하며 경제적, 사회적 진보 정책을 추진하는 정치적 물결을 의미한다. 라틴아메리카에는 21세기 초 두 차례의 핑크타이드 즉, 좌파로의 전환 현상이 나타났는데, 첫 번째 물결에서 대표적 지도자들은 베네수엘라의 우고 차베스(1999-2013), 브라질의 룰라 다 시우바(2003-2011), 볼리비아의 에보 모랄레스(2006-2019), 에콰도르의 라파엘 코레아(2007-2017) 등을 들 수 있다. 두 번째 물결에서 대표적 지도자들은 멕시코의 안드레스 마누엘 로페스 오브라도르(2018-2024), 아르헨티나의 알베르토 페르난데스(2019-2023), 칠레의 가브리엘 보리치(2022-2026 예정), 콜롬비아의 구스타보 페트로(2022-2026 예정) 등을 들 수 있다.

3) Martín Tanaka, *La dinámica de la política peruana: Representación, fragmentación y reforma*, Instituto de Estudios Peruanos, 2006.; Martín Tanaka, "Democracy and the Challenges of Representation in Peru", *Journal of Democracy*, 16(4): pp. 88-102, 2005.

4) Steven Levitsky, *Transforming Labor-Based Parties in Latin America: Argentine*

마리아 엘레나 가르시아(María Elena García)는 원주민 내부의 문제에 주목하는데, 그녀는 안데스와 아마존 원주민들이 지리적, 문화적 다양성으로 인해 단일한 정치 세력으로 통합되지 못했다고 설명하며, 이러한 원주민들의 분열이 원주민 정치 세력화를 어렵게한 주된 원인이라고 분석한다.[5] 문화적 요인을 강조하는 학자 카를로스 이반 데그레고리(Carlos Iván Degregori)는 페루 정치 시스템이 스페인어와 서구 문화 중심으로 운영되어 원주민의 언어와 문화를 체계적으로 배제한다고 비판한다.[6]

정치적, 사회적 차별에 대응해 안데스와 아마존 원주민들은다양한 전략을 모색해 왔다. 앞선 장에서 언급된 광산 반대 운동은 20세기 후반부터 현재까지 페루에서 가장 강력하고 파급력 있는 원주민 운동으로 자리 잡았으며, 특히 바구아 충돌은 사전협의제 도입의 배경이 되는 등 구조적 변화를 이끄는 데 중요한 역할을 했다. 원주민들은 생계 유지뿐 아니라 공동체와 문화적 정체성을 유지하기 위해 공동체 기반의 유대감을 강화하

Peronism in Comparative Perspective, Cambridge University Press, 2003.; Levitsky, S. and Helmke, G., eds., *Informal Institutions and Democracy: Lessons from Latin America*, Johns Hopkins University Press, 2006.

5) María Elena García, *Making Indigenous Citizens: Identities, Education, and Multicultural Development in Peru*, Stanford University Press, 2005.; María Elena García, "The Politics of Community: Education, Indigenous Rights, and Ethnic Mobilization in Peru," *Latin American Perspectives*, 30(1): pp. 70-95, 2003.

6) Carlos Iván Degregori, *No hay país más diverso: Compendio de antropología peruana*, Instituto de Estudios Peruanos, 2000.; Carlos Iván Degregori, "Ethnicity and Democratic Governability in Peru," *Bulletin of Latin American Research*, 16(2): pp. 165-182, 1997.

고 공동 대응에 나섰으며, CONACAMI(Confederación Nacional de Comunidades del Perú Afectadas por la Minería, 안데스 기반 농민 원주민 단체)와 AIDESEP(Asociación Interétnica de Desarrollo de la Selva Peruana, 아마존 기반 원주민 단체)과 같은 원주민 권리 옹호 단체를 설립하여 정치적 참여를 확대해 왔다. 비록 전 대통령 페드로 카스티요(Pedro Castillo)가 2022년 12월 탄핵되며 정치적 위기를 맞았지만, 그의 당선은 원주민 농민 출신으로서 원주민들과 정치적 유대감을 호소한 결과로 평가된다.

이와 함께, 차별과 경제적 소외에 대응하기 위해 안데스와 아마존 원주민들은 계절적 노동 이주를 주요 생존 전략으로 채택해 왔다. 이는 식민지 시대부터 이어져 온 현상으로, 스페인 식민 통치자들이 잉카 시대의 미타 제도를 강제 노동으로 변용하여 포토시 광산에 노동력을 공급한 데서 기인한다. 미타에 동원된 성인 남성 원주민들은 광산 노동으로 지급되는 임금만으로는 생계를 유지할 수 없었기에, 가족 구성원을 동반하여 가사, 시장 판매, 미타 노동 보조, 광산 임금 노동 등 다양한 방식으로 생계를 보완했다. 한편, 미타 노동을 피하기 위해 공동체를 이탈한 원주민들이 증가하면서, 1683년 알토 페루 일부 지역에서는 전체 남성 원주민의 46퍼센트가 공동체에 소속되지 않은 이른바 '포라스테로(forastero)'나 '야나코나(yanacona)'로 분류되었다.[7] 미타 노동을 회피하기 위해

---

7) 무소속 원주민은 두 종류로 구분되었는데, 어떤 공동체에도 소속되지 않은 원주민을 일컫는 '포라스테로(forastero)'와 출생 때부터 그 어떤 공동체에도 소속되지 않았던

공동체를 이탈한 남성 원주민들의 부재는 역설적으로 공동체에 남아 있던 여성 원주민들의 노동 이주를 증가시키는 결과를 낳았다. 페루 부왕령 체제에서 통치 당국은 날로 늘어가는 이탈 원주민들로 인해 발생하는 손실을 보전하고자 개별 원주민 공동체들에 현금 벌금을 부과하는 관행을 시행했는데, 이는 '돈주머니로 해결한 원주민(indios de faltriquera)'으로 불리며 당시 불법이었음에도 공공연히 이루어졌다. 이에 따라 남아 있던 원주민 여성들은 벌금을 마련하기 위해 도시로 이동하여 시장 상인, 광산 보조 노동, 가정부 등 다양한 직업에 종사할 수밖에 없었다. 오늘날 원주민 전통이 비교적 강하게 유지되고 있는 페루 안데스 남부 지역이나 볼리비아 포토시의 시장을 방문하면, 가판대 상인 대부분이 원주민 여성인 것을 확인할 수 있다. 이는 식민지 시대 원주민 여성들이 생존을 위해 시장 노동을 병행했던 역사적 맥락과 연관이 있다고 볼 수 있다.[8]

이처럼 원주민들은 식민지 시대부터 생존을 위해 단기적 또는 중장기적 노동 이주를 감행해 왔으며, 독립 이후 안데스와 아마존의 경제적 소외가 심화되면서 이는 일상적인 관행으로 자리 잡았다. 즉, 안데스 원주민들에게 도시는 그들의 삶의 일부였으며,

---

원주민을 일컫는 '야나코나(yanacona)'가 있다. 보다 자세한 내용은 필자의 논문을 참고하기 바란다. 강정원, "Coping with Colonialism: Mita and Indian Community in the Colonial Andes", 《이베로아메리카연구》, 24(1): 1-35쪽, 2013.

8) Mary Weismantel, *Cholas and Pishtacos: Stories of Race and Sex in the Andes*, The University of Chicago Press, 2001.

동시에 도시는 안데스 원주민들의 공간이기도 했다. 그러나 페루에서는 도시에 거주하는 원주민들을 '촐로(cholo)'라 칭하며 경멸하는 태도가 만연했다. 촐로라는 용어는 원래 더럽고 야만적이고 때로는 성적으로 문란하다는 부정적 뉘앙스를 내포했으나, 인류학자 메리 와이스만텔(Mary Weismantel)은 '촐라(chola)' 개념에 대해 보다 심층적인 해석을 제시한다. 그녀는 2001년 출간한 저서 『촐라와 피시타코: 안데스의 인종과 성 이야기(*Cholas and Pishtacos: Stories of Race and Sex in the Andes*)』에서 도시로 이주한 안데스 원주민들이 형성한 혼종적 정체성을 촐라로 설명하며, 이 용어가 단순한 경멸적 낙인이나 사회적 계층을 넘어 인종과 젠더의 교차점에서 억압과 저항을 동시에 체현하는 상징으로 기능한다고 분석한다. 실제로 현대 페루에서 촐로는 혼종화된 원주민에 대한 경멸적 의미에서 벗어나, 때로는 이방인에 대한 애칭으로, 혹은 전 대통령 페드로 카스티요처럼 원주민들을 대변하는 정치인과 지도자들을 지칭하는 용도로 사용되기도 한다. 이와 유사한 맥락에서 울라 베르그(Ulla D. Berg)는 2015년 저서 『이동하는 사람들: 페루와 미국의 인종, 이주, 소속(*Mobile Selves: Race, Migration, and Belonging in Peru and the U.S.*)』에서 페루 안데스 원주민들이 "앞으로 나아가기 위해(salir adelante)" 이주를 선택하고, 안데스에서 리마로, 나아가 리마에서 미국으로의 이주를 통해 정체성과 사회적 관계를 재구성한다고 논한다. 이주는 새로운 사회적 네트워크를 형성하고 문화적 저항 및 경제적 생존을 도모하는 원주민의 전략으로 해석되며, 이는 앞서 언급된 마리아 엘레나 가르시아와 카를로스 이반 데그레고리의 연구에서도 일관되게 나타난다. 그렇다면 안데스와 아마존의 원주민들은 도시에서 어떤 현실과 마주하게 되는가? 이어지는 논의에서는 '공적 페루'의 상징이자 현대성을 대표해 온 수도 리마 내부의 빈부 격차와 주거 환경의 차이를 통해 이 질문에 답하고자한다.

02 '공적 페루'와 리마의 주거 환경

페루 통계청(INEI)에 따르면, 2023년 리마 대도시권의 인구는 1천만 명을 넘어 전체 인구의 30.1퍼센트를 차지했다. 이에 비해 페루에서 인구 기준 두 번째 도시인 아레키파는 약 131만 명으로 수도권으로의 인구 집중의 정도를 확연히 보여준다. 이와 더불어 국내총생산(GDP)에서 리마가 차지하는 비중은 50퍼센트를 상회해 라틴아메리카에서 파나마에 이어 수도권 경제 편중도가 가장 높은 것으로 나타났다.[9] 1821년 페루 독립 이후 리마는 줄곧 행정 및 정치 중심지 역할을 수행했지만, 초기에는 인구 증가가 크지 않았다. 19세기 중반 구아노 붐은 리마와 카야오 항구를 연결하는 철도 건설, 카야오 항구 현대화, 그리고 리마의 공공 건축물, 도로, 상수도 시설 개선에 투자로 이어지며 도시화를 가속화했다. 이 시

---

9) UN-Habitat, *The State of Latin American and Caribbean Cities 2012: Towards a New Urban Transition*, 2012, p. 53.

기 구아노 붐과 도시화로 인해 행정 및 무역 관련 일자리가 늘고, 부유층의 소비 증가로 서비스 수요가 확대되면서 인구도 자연스럽게 증가했다. 그러나 19세기 후반 구아노 자원이 고갈되고 태평양 전쟁(1879-1883)에서 패배하면서 성장세는 한계에 부딪혔다. 리마의 본격적인 도시화와 대규모 인구 유입은 20세기 중반부터 두 단계에 걸쳐 진행되었다. 첫 번째 단계는 1940년대부터 1970년대까지로, 제2차 세계 대전으로 원자재 수요가 증가하며 페루가 수출 경제 호황을 맞았다. 이와 함께 1940년 리마 지진으로 도시의 상당 부분이 파괴되자 재건 사업이 시작되었고, 이는 리마로의 이주민 유입을 촉진하는 계기가 되었다. 두 번째 단계는 1980년대에 접어들며, 아야쿠초에서 시작된 '빛나는 길' 게릴라 조직이 안데스 지역을 중심으로 활동을 확대하면서 나타났다. 이들은 안데스 산악 지대를 중심으로 활동하며 농촌의 지역 지도자와 반대 세력을 처형하고, 정부군과 전투를 벌였다. 1992년 게릴라 조직의 지도자 아비마엘 구스만(Abimael Guzmán)이 체포되어 세력이 급격히 약화될 때까지 약 7만 명이 사망했으며, 이 중 79퍼센트가 농촌 지역에서 발생했고, 75퍼센트는 원주민 언어 사용 피해자였다.[10] 안데스 산악 지대에 폭력이 집중되자 원주민들은 생존을 위해 안전하다고 인식되는 리마로 피난을 갔다. *IPS News*의 1999년 기사에 따르면, 1980년부터 1993년까지 '빛나는 길'의 활동으로

---

10) TRC, *Final Report of the Peruvian Truth and Reconciliation Commission*, 2003, https://www.cverdad.org.pe/ingles/ifinal/index.php.

약 60만 명의 농민이 안데스 지역에서 리마를 포함한 도시로 이주한 것으로 추정된다.[11]

20세기 중반부터 지속된 안데스로부터 이주는 리마 인구 증가뿐만 아니라 인종 구성에도 변화를 가져왔다. 1940년 63만 명이었던 인구는 1990년 454만 명으로 약 7배 증가했다.[12] 정확한 수치를 확인할 수는 없지만 여러 자료들을 종합하면 리마 인구의 65-80퍼센트가 안데스 이주민과 그 후손으로 구성된 것으로 추정된다.[13] 리마는 급격한 인구 증가로 새롭게 유입되는 이주민들을 수용할 인프라가 부족한 상황이었고, 농촌의 빈곤과 폭력을 피해 거의 무일푼으로 이주한 안데스 원주민들은 하나둘씩 리마 외곽의 황폐한 언덕과 사막 경계의 빈 땅을 점유해 집을 짓고 정착하기 시작했다. 이렇게 형성된 주거지가 리마의 무허가 정착지, '바리아다(barriada)' 또는 '푸에블로 호벤(pueblo jóven)'이다. 이주민이 증가함에 따라 바리아다도 급속도로 확장되기 시작했는데, 예를 들어 1940년에는 새 주택의 4퍼센트가 바리아다였지만

---

11) Abraham Lama, "Population-Peru: Migration Changes the Face of Lima", *IPS*, 1999.01.18., https://www.ipsnews.net/1999/01/population-peru-migration-changes-the-face-of-lima/.

12) CEIC, Peru Census Populaion: Urban: Lima, 1940-2017, https://www.ceicdata.com/en/peru/population-census-by-department/census-population-urban-lima.

13) 페루 통계청의 2017년 인구 조사 자료; Mariano Castro and Gustavo Riofrío, "La regularización de las barriadas: el caso de Villa El Salvador(Perú)", *El acceso de los pobres al suelo urbano*, Centro de estudios mexicanos y centroamericanos, 1996, https://0-doi-org.catalogue.libraries.london.ac.uk/10.4000/books.cemca.922. 참조.

〈그림 1〉· 리마 안콘(Ancón) 인근에 새롭게 형성된 무허가 주거지.

출처: 위키피디아.

1985년에는 거의 70퍼센트에 달하게 되었다.[14][15] 공터를 점유한

---

14) Bill Chambers, "The Barriadas of Lima: Slums of Hope or Despair? Problems or Solutions?," *Geography*, 90(3): pp. 200-224, 2005.

15) 현재 비공식 정착지의 숫자는 통계로 집계되지 않지만 여러 자료들을 종합하면 1,000-2,000개 정도가 존재하는 것으로 보인다. 리마에 거주하는 가구들 가운데 약 1/3이 비공식 정착지에 위치한다. UN-Habitat, *The State of Latin American and Caribbean Cities 2012: Towards a New Urban Transition*, 2012, p. 64. https://unhabitat.org/state-of-latin-american-and-caribbean-cities-2; Julio Caldero, "Regularization of Urban Land in Peru," *Lincoln Institute of Land Policy*, 1998.05.01. https://www.lincolninst.edu/publications/articles/regularization-urban-land-peru.

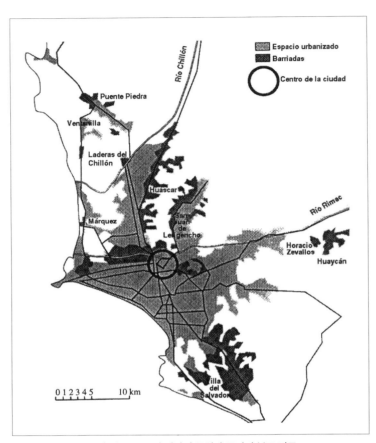

〈그림 2〉• 1986년 리마의 무허가 주거지 분포 지도.

출처: Mariano Castro and Gustavo Riofrío(1996), "La regularización de las barriadas: el caso de Villa El Salvador (Perú)". *El acceso de los pobres al suelo urbano*, Centro de estudios mexicanos y centroamericanos, https://0-doi-org.catalogue.libraries.london.ac.uk/10.4000/books.cemca.922.

주민들은 스스로 전기, 물, 하수도와 같은 기본 서비스를 마련하려고 노력하며, 조금씩 주거지의 생활 여건을 개선해 갔다.

무허가 정착지에 대한 정부의 정책은 초기 강제 철거와 같은 억압적 접근에서 점차 관용적으로 전환되어 갔다. 무허가 주거지를 철거시키는 것이 사실상 불가능한 상황에서 페루 정부는 정규화로 정책적 전환을 시작했고, 그 첫 단계로 1961년 중앙 정부 기관이 토지 소유 정규화를 책임지도록 규정하는 법 13517(Ley No. 13517)이 제정되었다. 이 법의 본격적 적용은 1968년 군사 쿠데타로 집권한 후안 벨라스코 알바라도 정부에서 시작됐는데, 무허가 주거지 정규화를 골자로 하는 바리아다 지원 정책(barriada asistida)이었다. 목표는 토지 정규화를 통해 도시 빈민에게 안정적 주거권을 보장하고, 빈민촌에 물, 전기, 하수도와 같은 기본 서비스를 제공하며, 주민 참여를 통해 정착지를 계획된 도시 지역에 통합시키는 것이었다. 벨라스코 정부에서 정규화된 대표적인 주거지는 비야 엘 살바도르(Villa el Salvador)인데, 주민과 정부의 협력을 통한 조직적 비공식 개발을 이룬 성공 사례로 꼽히는 곳이다. 비야 엘 살바도르는 1971년 4월 28일 약 200가구가 리마 남부 외곽의 국유지를 점거하며 시작됐다.[16] 며칠 만에 9,000가구로 늘어난 이 점

---

16) 이어지는 비야 엘 살바도르에 대한 논의는 다음 자료들을 참고했다. Jo-Marie Burt and Cesar Espejo, "The Struggle of a Self-Built Community", *NACLA Report on the Americas*, 28(4): pp. 19-25, 2016.; UN-Habitat, *Planned City Extensions: Analysis of Historical Examples*, 2015, https://unhabitat.org/planned-city-extensions-analysis-of-historical-examples.

거는 후안 벨라스코 알바라도(1968-1975) 군사 정권의 빈민층 지원 약속을 시험하는 계기가 되었다. 정부는 점거민을 리마 남쪽 18마일(약 29킬로미터)의 7,800에이커(약 3,156헥타르) 황량한 사막으로 재배치했다. 3,000가구가 이주하며 비야 엘 살바도르가 형성되었고, 초창기 주민들은 열악한 환경에서 자조로 정착지를 건설했다. 이후 20여 년간 약 30만 명이 거주하는 생기 있는 도시로 발전, 페루의 기층 조직화 논의에서 중요한 사례로 자리 잡았다. 현재 비야 엘 살바도르는 리마의 43개 디스트리토(distrito, 서울의 구에 해당) 가운데 하나로 인구 44만 명이 넘는 가장 큰 규모의 자치구 중 하나이다. 비야 엘 살바도르가 1983년 자치구로 승격하기까지 주민들의 참여는 세 단계로 나누어 볼 수 있다. 첫 번째 단계는 초기 정착기(1971-1975)로 정부와 주민이 협력해 도시의 기본 구조를 구축해 가는 단계이다. 이 시기 정부는 격자형 도시 구조(24가구로 구성된 블록과 16개 블록으로 구성된 주거 그룹)와 공동체 공간(공원, 교회 등)을 배치하며 주민 참여를 장려했다. 정부 기관 SINAMOS(El Sistema Nacional de Apoyo a la Movilización Social, 국가사회동원지원체계)와 주민 조직 CUAVES(Comunidad Urbana Autogestionada de Villa El Salvador, 비야 엘 살바도르 자치 도시 공동체)가 개발에 주도적 역할을 했다. 두 번째 단계는 정부 지원 축소(1975-1980)로 벨라스코 실각 후 정부 지원이 철회되며 생존을 위해 공동체 자력으로 대응했던 시기이다. 세 번째 단계는 자치구 승격과 재조직화(1980-1983) 시기로 좌파 성향의 시장이 당선되며 정부가 다시 협조적으로 전환함에 따라 CUAVES 가 다시 활성화되고, 마침내 독립 자치구로 승격되게 된다.

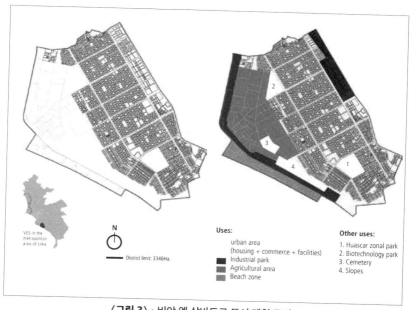

〈그림 3〉· 비야 엘 살바도르 도시 계획 도면.

출처: UN-Habitat(2015), *Planned City Extensions: Analysis of Historical Examples*, 2015, p. 39.

핵심 용도		기타 용도	
중심부	도시 구역 (주거, 상업 지구)	1	와스카르 공원
외곽부	산업 단지	2	바이오테크놀로지 공원
좌측부	농업 지구	3	묘지
하단부	해변가	4	경사지

비야 엘 살바도르는 무허가 주거지 정규화에 있어 공동체 중심 개발의 가능성을 보여준다. 또한 빈곤층 이주민을 도시 구조에 통합하여 주거를 해결하려 했던 실험적 접근으로 긍정적인 평가를 받아왔다. 비야에서 주민들이 보여준 연대와 협력의 가치는 세계적 주목을 받았고, 이에 1986년 노벨 평화상 후보로 지명되기도 했고, 1987년에는 스페인의 권위 있는 상인 아스투리아스 공상(Prince of Asturias Award for Concord)을 수상하기도 했다. 불법 점유 합법화를 통해 도시 문제를 해결하고 빈민촌 주거 환경을 개선하려는 접근은 계속되어 왔다. 단적으로 리마의 토지 소유권 인정 건수는 1961년부터 1980년까지 약 1만 건에서 1981년부터 1995년 사이 약 15만 건으로 증가했고, 토지 정규화 기관인 COFOPRI(Comisión de Formalización de la Propiedad Informal)가 설립된 1996년부터 정규화 속도가 가속화되어 1996년부터 현재까지 리마에서만 약 100만 건 이상으로 등록된 소유권의 절반 이상에 달한다.[17] 무허가 주거지가 정부 지원 부재로 그 어떤 기본적 서비스 지원도 받지 못하고 열악한 주거 환경에 처한다는 점을 고려

---

17) Julio Caldero, "Regularization of Urban Land in Peru", *Lincoln Institute of Land Policy*, 1998.05.01., https://www.lincolninst.edu/publications/articles/regularization-urban-land-peru; Ryan Dubé, "To Have & To Hold: Property Titles at Risk in Peru", *Lincoln Institute of Land Policy*, April 2015, https://www.lincolninst.edu/publications/articles/have-hold/; Edésio Fernandes, *Regularization of Informal Settlements in Latin America*, Policy Focus Report, Lincoln Institute of Land Policy, 2011, https://www.lincolninst.edu/app/uploads/legacy-files/pubfiles/regularization-informal-settlements-latin-america-full_0.pdf.

〈그림 4〉· 페루 리마 외곽의 빈민촌.
출처: 위키피디아.

할 때 정규화를 통한 통합은 주거 환경 개선을 위해 선행되어야
할 과제임은 분명해 보인다. 그럼에도 정규화를 통한 통합은 빈민
촌의 다양한 문제들에 대한 만능 해법은 아니다. 리마의 빈민촌은
여전히 깨끗한 물과 같은 기본적인 서비스 접근성이 낮고, 하수와
폐기물 관리 시스템이 부족해 주민들의 건강뿐만 아니라 인근 해
안 생태계에 대한 부정적 영향을 미칠 우려도 있다. 녹지 공간에
있어서도 슬럼과 부촌 간 격차가 커 주민들의 삶의 질 하락과 더

〈그림 5〉· 수치의 장벽.

출처: 위키피디아.

나아가 도시 열섬 효과를 악화시킬 우려도 있다.[18] 또한 빈민촌들이 대부분 언덕이나 불안정한 땅에 건설되어 토양 침식과 산사태 위험도 상존하며, 이는 도시 환경의 생태적 안정성에도 부정적으로 작용한다.[19] 이미 2000년대 초반, 리마의 공기 질은 멕시코시티나 상파울루보다도 나쁜 것으로 조사되었고, 유엔 환경 프로그

18) UrbanShift, "Lima's Participatory, Low-Cost Expansion of Public Green Space", 2023.05.02., https://www.shiftcities.org/post/limas-participatory-low-cost-expansion-public-green-space.

19) Luis Moya et al., "Vulnerabilities and Exposure of Recent Informal Urban Areas in Lima, Peru", *Progress in Disaster Science*, 23 October, 2024, https://www.sciencedirect.com/science/article/pii/S2590061724000358

램(UNEP)의 기후 및 청정대기 협력체(CCAC) 보고서에 따르면 리마에서 매년 9천 명이 나쁜 공기 질로 조기 사망한다.[20]

리마 빈민촌의 열악한 주거 환경, 그리고 공식적인 정착지로 인정도 받지 못한 무허가 주거지에 여전히 1/3가량의 주민들이 거주하고 있는 현실, 이러한 모습은 현대화된 '공적 페루'를 상징하는 수도 리마의 이면이다. 리마의 가장 배타적 부촌 중 하나인 카수아리나스(Casuarinas)를 인접한 무허가 주거지로부터 분리하기 위해 세워지기 시작했던 일명 '수치의 장벽(Muro de la Verguenza)'은 리마의 이중적 모습을 적나라하게 드러낸다. 장벽의 시작은 1985년, 예수회 엘리트 학교 라 인마쿨라다(La Inmaculada)가 수르코(Surco)로 이전하면서였다. 당시 주변은 미개발지였지만 센데로 루미노소 갈등으로 안데스 이주민들이 급증하며 빈곤층이 인근에 정착하기 시작했고, 이들의 점유를 막는 것이 처음 목적이었다. 이후 30년간 장벽은 약 10킬로미터로 확장되며, 수르코와 라 몰리나(La Molina)의 부유층 지역을 산 후안 데 미라플로레스(San Juan de Miraflores)와 비야 마리아 델 트리운포(Villa María del Triunfo)의 빈민촌에서 분리했다. 장벽은 리마의 극단적 빈부 격차와 계층 간, 인종 간 배타적 관계를 상징한다. 문화인류학자 레이 캄포아모르(Leigh Campoamor)는 *NACLA* 기고문에서 장벽이 안데스 이주

---

20) Climate & Clean Air Coalition, Project Portfolio, Peru - National planning on short-lived climate pollutants, https://www.ccacoalition.org/projects/peru-national-planning-short-lived-climate-pollutants.

민을 '침입자'로 간주하는 서사에 바탕을 두고 있다고 분석한다.[21] 더 나아가 캄포아모르는 도시 빈민들의 무허가 점거를 범죄화하는 관념은 근본적으로 비공식성을 경제적 관점으로만 접근해 소유권 정규화로 해결할 수 있다고 주장하는 신자유주의 담론에 바탕을 두고 있다고 비판한다.[22] 캄포아모르의 주장처럼 장벽은 구조적 변화 없이 소유권 정규화만으로 불평등이 해결될 수 없음을 드러내는 증거이다. '수치의 장벽'은 사회적 단절을 상징하며 빈곤층 주민과 시민단체의 비판을 받았고, BBC, DW 등의 주요 외신도 빈부 격차의 물리적 증거로 보도하며 악명을 얻게 되었다. 2018년 개인 시민이 헌법 위반으로 소송을 제기하기도 하는 등 여러 비판 여론에, 마침내 2022년 12월 헌법재판소는 장벽이 페루 헌법에 명시된 평등권과 비차별적 대우 원칙을 위반하며, 헌법상 이동 자유와 사회적 통합을 보장하는 원칙에 위배된다고 보고

---

21) Leigh Campoamor, "Lima's Wall(s) of Shame", *NACLA Report on the Americas*, 51(1): pp. 29-35, 2019.
22) 이러한 주장의 대표적 인물이 에르난도 데 소토(Hernando De Soto)이다. 그는 2000년 출간된 저서 『자본의 미스터리: 왜 자본주의는 서구에서만 성공하는가(*El misterio del capital: Por qué el capitalismo triunfa en occidente y fracasa en el resto del mundo*)』에서 자본주의가 서구에서 성공하지만 개발 도상국과 전 공산주의 국가에서는 실패하는 이유가 문화적 차이가 아니라 법적 재산권 시스템의 유무에 있다고 주장한다. 데 소토는 따라서 개발 도상국 정부는 기존 비공식 부문의 법을 통합하고 관료적 장벽을 줄여 자산을 정규화할 것을 제안한다. 데 소토는 이러한 개혁을 통해 사회적 신뢰와 경제적 규모 확대의 기반을 확보할 수 있다고 주장한다. 데 소토의 페루 정부가 무허가 주거지 정규화를 통해 빈민촌 문제 해결에 접근하는 정책의 이론적 정당성을 부여하며, 실제 그는 알베르토 후지모리 정부 초기 신자유주의 개혁의 설계자이자 조력자로 활동하기도 했다.

180일 이내 장벽의 4.5킬로미터 구간을 철거하도록 명령했다.[23] 장벽은 '공적 페루'와 '깊은 페루'의 이중적 구조가 특정한 공간적 경계에 제한되지 않고 일상의 전면에 파고들어 있음을 시사한다. '깊은 페루'가 상징하는 안데스적 가치가 단순한 수사적 의미를 넘어서 '공적 페루'의 일상에서도 깊은 울림을 만드는 순간들을 맞이하기 위해 페루는 앞으로도 얼마나 많은 장벽을 허물어야 할까?

---

23) RFI, "Peru Court Orders Demolition of 'Wall of Shame' Dividing Rich and Poor", 2022.12.30., https://www.rfi.fr/en/international-news/20221230-peru-court-orders-demolition-of-wall-of-shame-dividing-rich-and-poor.

페루의 정치 위기,
그리고 그 너머 상생의 미래를 사유하며

2016년 4월 10일 대선 이후 2025년 4월 현재까지, 페루는 극심한 정치 위기를 겪고 있다. 이 기간 동안 대통령 세 명이 탄핵 또는 사임했고, 탄핵 시도가 최소 다섯 차례 있었으며, 여섯 명의 대통령이 재임했으나 이 중 선출된 이는 단 두 명뿐이다. 현재 대통령 지지율 8퍼센트, 의회 지지율은 6퍼센트에 불과하다.[1] 이 숫자들은 2015년부터 10년간 지속된 페루 정치 위기의 단면을 보여준다. 위기의 가시적 원인은 의회와 대통령의 대립, 그리고 정당 체계의 파편화다.[2] 이와 관련해 하버드대 정치학자 스티븐 레비츠

---

1) La República, *Encuesta IEP Perú: Aprobación y desaprobación de la presidencia y el Congreso de la República*, 2023.11. https://data.larepublica.pe/encuesta-iep-peru-aprobacion-desaprobacion-presidencia-congreso-de-la-republica-ejecutivo-legislativo/noviembre-2023/.

2) 현재 페루의 정치 위기는 2016년 4월 당선된 페드로 파블로 쿠친스키(Pedro Pablo Kucynski) 대통령이 브라질 건설사 오데브레시(Odebrecht) 뇌물 스캔들에 연루된 의혹이 제기되면서 시작됐다. 탄핵 위기에 처한 쿠친스키 전 대통령은 2018년 3월

키(Steven Levitsky)는 1990년대 후지모리 통치가 페루의 정당을 약화시키고 개인 중심의 정치 문화를 만들었다고 분석한다. 그는 사회적 불평등, 지역 갈등, 만연한 부패가 이미 취약한 정당 체계를 악화시켰으며, 특히 1993년 후지모리 집권기 제정된 헌법의 '도덕적 무능력' 조항의 모호성을 의회가 남용해 위기를 심화시켰다고 본다.[3] 한편, 칠레 디에코 포르탈레스대 정치학자 카를로스 멜렌

사임했고, 부통령 마르틴 비스카라(Martín Vizcarra)가 대통령직을 승계했다. 비스카라는 80퍼센트를 상회하는 높은 지지율로 부패 척결을 약속했으나, 의회와의 갈등이 심화되자 헌법에 따라 의회를 해산하고 조기 총선을 실시하며 정치적 양극화를 심화시켰다. 결국 2020년 11월 의회가 '도덕적 무능력'을 근거로 비스카라를 탄핵했고, 이 조치는 의회에 대한 국민들의 반감과 갈등을 더욱 심화시켰다. 이후 국회 의장 마누엘 메리노(Manuel Merino)와 프란시스코 사가스티(Francisco Sagasti)가 과도기 대통령으로 1년여 간 재임했으나, 혼란은 수습되지 않고 불안정한 상황이 계속됐다. 2021년 7월, 반 기득권 정치를 내세우며 페드로 카스티요(Pedro Castillo)가 대통령으로 선출되었다. 카스티요는 안데스 농촌 교사 출신으로 리마 중심 엘리트 정치를 급진적으로 개혁하겠다고 나섰고, 이에 변화를 향한 기대감이 형성되었다. 그렇지만 측근 비리, 정치 경험 부족으로 인한 내각의 불안정성, 의회와의 갈등 등 카스티요 정부에 대한 문제가 지속적으로 제기되었고, 결국 그는 2022년 12월 의회 해산을 선언하는 초법적 조치를 취했다. 그러나 이 시도는 결정적 명분이 되었고, 결국 같은 달 카스티요는 탄핵당했다. 카스티요의 탄핵은 페루 국민 사이에 극명한 분열을 초래했다. 특히 핵심 지지 기반이었던 안데스 남부 농촌 지역을 중심으로 반정부 시위가 전국적으로 발생했다. 정부의 강경 대응과 시위대와 경찰의 충돌로 2개월 사이 최소 60명의 사망자와 1,300명 이상의 부상자가 발생했다. 부통령 디나 볼루아르테(Dina Boluarte)는 카스티요 탄핵 후 대통령직을 승계했으나, 기존 자신이 소속되었던 좌파 자유 페루에서 출당된 후 우파 의회와 연합해 정권을 유지했다. 그녀는 시위 강경 진압, 사망자 책임 회피, 부패 혐의, 조기 총선 요구 무시 등으로 비판받으며, 이전의 카스티요 탄핵에 찬성했던 이들까지도 실망감에 등을 돌리고 있는 상황이다.

3) 페루 정당 체계에 대한 분석은 Steven Levitsky, "Peru: The Institutionalization of Politics without Parties", *Party Systems in Latin American: Institutionalization, Decay, and Collapse*, Scott Mainwarning ed., 2018 참고. 현재 페루 위기에 대한 레비츠키의 분석은 여러 매체에서의 발언을 참고했다(Stefano Pozzebon, "Peru's Crisis Is a Cautionary Tale for Democracies", *CNN*, 2023.01.23., https://

데스(Carlos Meléndez)는 페루 위기의 원인을 제도적 측면보다는 지역적·사회적 맥락에서 찾는다. 그는 위기를 이해하기 위해 맥락적 복잡성에 주목해야 하며, 리마와 안데스·아마존 지역의 격차와 분열, 식민 시대부터 고착되어 온 원주민에 대한 소외와 배제의 역사, 자원 분쟁, 제도적 개혁보다는 지방의 반엘리트 정서에 호소해 온 정치 리더십 등이 페루 국가 체제에 근본적 결함을 초래했으며, 현재 정치 위기의 핵심 요인이라고 분석한다.[4]

필자는 페루의 현재 정치 위기를 분석하며, 그 근저에 멜렌데스가 지적한 바와 같이 '공적 페루(엘리트 중심 정치 구조)'에 의한 '깊은 페루(원주민 및 혼혈 계층)'의 지속적 소외가 자리 잡고 있다고 본다. 이는 고질적인 엘리트 중심주의와 사회적 배제가 위기의 핵심 요인이라는 주장이다. 아래에서는 이를 뒷받침하는 주요 근거 중 하나로, 의회의 '도덕적 무능력(incapacidad moral permaente)' 조항을 근거로 한 대통령 탄핵의 문제점을 살펴본다.

1993년 후지모리 정부가 제정한 헌법은 제113조에서 대통령직 종료 사유로 사임, 사망, 영구적 신체적 장애, 해외 도피, 그리고

---

edition.cnn.com/2023/01/19/americas/peru-protests-economy-democracy-intl-latam/index.html, La Encerrona, Interview with Steven Levitsky: ¿Está muriendo la democracia peruana?, 2022.12.05., Facebook, https://www.facebook.com/encerronaperu/videos/steven-levitsky-est%C3%A1-muriendo-la-democracia-peruana/1112547726111115/).

4) Carlos Meléndez, El mal menor: vínculos políticos en el Perú posterior al copalso del sistema de partidos, Instituto de Estudios Peruanos, 2019.; Carlos Meléndez, Populistas: ¿Cuán populistas somos los peruanos? Un estudio empírico, Debate, 2022.

나가며 페루의 정치 위기, 그리고 그 너머 상생의 미래를 사유하며　　**151**

영구적 도덕적 무능력을 명시한다. 이어 제114조는 도덕적 무능력 선언 권한을 의회에 부여하며, 재적 의원 3분의 2(130석 중 87표 이상)의 찬성으로 이를 결정하도록 규정했다. 그러나 도덕적 무능력의 판단 기준은 극도로 모호하며, 헌법재판소나 사법부의 개입 없이 의회 단독으로 탄핵을 결정하도록 설계되었다. 탄핵 선언 즉시 대통령은 직무를 상실하며, 사법부나 국민은 이를 무효화할 권한이 없다. 이로 인해 의회는 주관적이고 정치적인 이유로 대통령을 제거할 수 있는 강력한 권한을 갖게 되었다.

이 조항은 2000년 알베르토 후지모리, 2020년 마르틴 비스카라, 2022년 페드로 카스티요의 탄핵에 적용되었다. 각 사례의 명분은 부패, 권위주의, 의회 해산 시도, 내란 혐의 등이었으나, 법적 유죄 판결이 뒷받침되지 않은 경우가 많았다. 예를 들어, 비스카라는 부패 혐의(2011-2014년 모케과 주지사 시절 뇌물 수령)로 2020년 11월 105대 19의 압도적 표차로 탄핵되었다. 그러나 당시 혐의는 명확한 증거 없이 제기되었으며, 비스카라는 반부패 개혁으로 80퍼센트 이상의 국민 지지를 받고 있었다. 반면, 의회 130명 중 68명이 부패 혐의로 조사 중이어서, 국민들은 이를 의회의 '쿠데타'로 인식하며 강하게 반발했다. 하지만 부패 혐의로 탄핵된 비스카라에게 제기된 부패 의혹은 명확한 법적 유죄 판결이 없었으며,[5] 마찬가지로, 카스티요는 2022년 의회 해산 시도와 내란 혐의

5) Alonso Gurmendi Dunkelberg, "What Just Happened in Peru? Understanding Vizcarra's Sudden Impeachment," *Americas Quarterly*, 2020.11.10., https://www.

로 탄핵되었으나, 명확한 법적 유죄 판결 없이 의회의 정치적 결정으로 제거되었다. 도덕적 무능력 조항은 사법적 절차를 생략하고 의회가 대통령을 제거하는 만능 도구로 기능하며, 엘리트 중심 정치 구조가 대중적 지지를 받는 대통령을 배제하는 데 악용되었다. 이는 '깊은 페루'의 소외를 심화시키는 정치적 불안정의 핵심 요인으로 작용한다.

의회의 정당성 없는 독단적 탄핵은 특히 마르틴 비스카라처럼 높은 국민적 지지를 받거나, 페드로 카스티요처럼 원주민과 농민 등 소외된 계층의 지지를 받는 지도자를 대상으로 할 때 격렬한 저항을 초래한다. 실제 2020년 11월 9일 비스카라 탄핵 이후, 페루 전역에서 대규모 반의회 시위가 벌어졌고, 6일간의 시위 중 경찰의 강경 진압으로 대학생 시위자 두 명이 사망했다. 이는 국민적 분노를 증폭시켰고, 대통령직을 승계한 국회 의장 마누엘 메리노(Manuel Merino)는 취임 5일 만에 사임하며 페루 현대사에서 가장 짧은 재임 기록을 남겼다.

2년 후, 2022년 12월 7일 의회는 또다시 도덕적 무능력 조항을 근거로 카스티요를 130석 중 101표 찬성으로 탄핵했다. 이에 반의회 시위는 더욱 격화되었다. 카스티요의 지지층(농민, 원주민, 저소득층, 특히 안데스 남부 주민)은 그를 리마의 백인 엘리트에 맞서는 상징으로 보며, 탄핵을 게이코 후지모리의 '민중의 힘(Fuerza Popular)'

---

americasquarterly.org/article/what-just-happened-in-peru-understanding-vizcarras-sudden-impeachment/.

이 주도한 '인종차별적', '엘리트 중심' 쿠데타로 규정했다.[6] 반면, 리마 중심 시민들은 카스티요의 의회 해산 시도를 무능과 쿠데타 시도로 비판하며, 탄핵을 민주적 제도 보호를 위한 불가피한 절차로 평가했다. 예를 들어 IEP의 여론조사(2022.12)에 따르면, 카스티요의 의회 해산에 대한 전국 찬성률은 44퍼센트, 반대 53퍼센트였으나, 리마에서는 반대가 63퍼센트, 농촌 지역에서는 찬성이 52퍼센트로 지역 간 차이가 뚜렷했다.[7]

학자들은 탄핵 자체에 명시적인 입장을 피하며, 페루 가톨릭대 (PUCP) 정치학자 페르난도 투에스타(Fernando Tuesta)처럼 카스티요의 의회 해산을 쿠데타로 비판하며 탄핵의 불가피성을 간접적으로 시사하는 경우가 많았다.[8] 한편, 리마 중심의 엘리트 매체는 시위대를 폭력 집단 또는 무지한 농민으로 묘사하며, 일부는 과거 센데로 루미노소 게릴라를 지칭하던 '테루케오(terruqueo)'라는 용어로 시위대를 범죄화했다.[9]

---

6) Diana Roy, "Why Was Peru's President Impeached?", In Brief, *Council on Foreign Relations*, December 19, 2022, https://www.cfr.org/in-brief/why-was-perus-president-impeached.

7) *IEP Informe de Opinión*—Diciembre 2022, https://iep.org.pe/noticias/iep-informe-de-opinion-diciembre-2022/.

8) Dan Collyns, "Peru President Removed from Office and Charged with 'Rebellion' after Alleged Coup Attempt", *The Guardian*, 2022.12.08., https://www.theguardian.com/world/2022/dec/07/peru-president-detained-pedro-castillo-coup.

9) Renzo Gómez Vega, "El terruqueo, el arma verbal que pone a los manifestantes peruanos en la diana", *El País*, 2023.01.06., https://elpais.com/internacional/2023-01-06/el-terruqueo-el-arma-verbal-que-pone-a-los-manifestantes-peruanos-en-la-diana.html.

카스티요의 의회 해산이 민주주의 체제에 위협이 될 수 있다는 우려에 공감하더라도, 그의 탄핵 절차가 정당했는지, 그리고 탄핵 후 대통령직을 승계한 디나 볼루아르테 정부와 탄핵을 주도한 의회가 민주주의를 수호했는지는 의문이다. 이와 관련해 필자는 페루 의회가 2024년 3월부터 추진해 온 일련의 헌법 개정을 살펴보며, 탄핵 주도 세력의 의도와 결과에 비판을 제기하려 한다. 주요 법안은 다음과 같다.

1. 의회 재선 허용과 상원 부활(2024.03, 법률 31988호): 단원제를 양원제(상원 50명, 하원 130명)로 전환하고 의원 재선을 허용했다. 이는 2018년 국민투표에서 양원제(90퍼센트 반대)와 재선(85퍼센트 반대)을 거부한 민의를 뒤집은 조치다. 법안의 골자는 기존 단원제에서 양원제(상원과 하원)로 전환, 지역 대표성을 강화하고 입법 심의를 개선한다는 것이다. 또한 의회 연속 재선을 허용해 현 의원들의 권력 연장을 가능케 했다. 이와 관련 페루 가톨릭대 법학교수 세사르 란다(César Landa)는 *Constitutionnet* 기고문에서 양원제가 행정부 권한을 약화시키고 의회에 권력을 집중시켜 힘의 균형을 깨트릴 것이며, 헌법재판소, 옴브즈만 사무소 등을 의회가 장악할 수 있게 해 삼권분립을 위협하는 요인이 될 것이라고 비판했다.[10]

---

10) César Landa, "Back to Bicameralism: The Illiberal Goals of Peru's Constitutional Reforms", *Constitutionnet*, 2025.03.26. https://constitutionnet.org/news/voices/back-bicameralism-illiberal-goals-peru.; Brian Osgood, "Peruvian democracy weakened as government consolidates control: Report", *Aljazeera*, 2024.03.22.,

2. 사법부 독립성 침해(2024.03-10): 의회는 국가사법위원회(Junta Nacional de Justicia, JNJ) 의원 해임 및 기관 폐지를 시도하고, 헌법재판소 의원 해임 요건을 완화해 사법 통제를 강화했다. JNJ는 판사, 검사, 선거 관리자 임명 및 해임을 담당하는 독립 기관으로, 프리덤 하우스(Freedom House)와 휴먼라이츠워치(HRW)는 이를 법치주의 붕괴와 2026년 대선 공정성 훼손으로 규정했다.[11]

3. NGO 규제 강화(2025.03, 국제협력법 개정): 국제협력청(Agencia Peruana de Cooperación Internacional)의 권한을 확대해 NGO 활동 계획 사전 승인을 의무화했다. 이는 NGO에 대한 정부의 자의적 통제를 가능케 해 인권 보호 활동 및 시민 사회 운동을 위축시킬 우려가 있다.[12]

4. 원주민 보호법 개정 시도(2023.03-현재): 민중의 힘 의원이 발의해 2023년 3월 "고립·초기 접촉 원주민(Pueblos Indígenas en Aislamiento y Contacto Inicial, PIACI) 보호법" 개정 논의가 이루어졌는데, 만일 의회 논의대로 개정이 되면 광업과 벌목 기업에 대한 규

https://www.aljazeera.com/news/2024/3/22/peruvian-democracy-weakened-as-government-consolidates-control-report.

11) HRW, "Peru: Congress Runs Roughshod Over Rule of Law", 2024.03.11., https://www.hrw.org/news/2024/03/11/peru-congress-runs-roughshod-over-rule-law.

12) Steven Grattan, "Peru Passes Law Critics Claim Will Hamper the Ability of NGOs to Defend Human Rights", *AP News*, 2025.03.14., https://apnews.com/article/peru-congress-new-law-regulating-apci-d74aba95afb55d03b5d6a6b8783cf0b3.

제가 완화될 것이며, 약 7,500명 고립 원주민의 생존을 심각하게 위협할 가능성이 있다. 비영리 시민 단체 DAR 대표 우고 체 피우(Hugo Che Piu)는 법안을 발의한 의원이 CDL(Coordinadora por el Desarrollo Sostenible de Loreto)과 밀접한 관계에 있으며, 이 단체는 벌목 회사, 지역 자본가들과 지역 정치인들로 구성되어, 고립·초기 접촉 원주민의 존재 자체를 부정한다고 비판했다.[13]

5. 정치조직법 개정(2023.12, 법률 31908호): 정당 등록 요건을 강화해 소수 집단 및 신생 정당의 참여를 제한할 것으로 우려된다. 프리덤 하우스는 이로 인해 원주민 기반 소규모 지역 정당이 배제되어 민주적 경쟁이 축소될 것이라며, 페루의 정치 다원성과 참여 점수를 4점에서 3점으로 하향했다.[14]

디나 볼루아르테 정부하에서 추진된 헌법 개정은 사법부, 선거, 시민사회에 대한 의회의 통제권을 강화하며 권위주의 통치를 가능케 하는 기제로 작용할 우려가 있다. 이는 실질적 민주주의를 약화시키고, 리마 엘리트와 채굴 기업의 이익을 우선하며, 원주민과 빈민의 소외를 심화시킬 가능성이 높다. 특히, 국민의 조기 총

13) Yvette Sierra Praeli, "Peru Congress Debates Stripping Isolated Indigenous People of Land and Protections", *Mongabay*, 2023.03.16., https://news.mongabay.com/2023/03/peru-congress-debates-stripping-isolated-indigenous-people-of-land-and-protections/.
14) Freedom House, *Freedom in the World 2024, Peru*, https://freedomhouse.org/country/peru/freedom-world/2024.

선 요구를 무시한 채 4-10퍼센트 지지율에 그치는 의회와 정부가 논란이 되는 법률을 독단적으로 강행하는 것은 의회의 정당성 위기를 초래하고 사회 갈등을 증폭시킬 것이다.

지난 10년간 지속된 페루의 정치 위기 속에서 제도적 보수화와 민주주의 퇴행이 가속화되는 현 상황에 안데스적 가치의 복원과 상생의 미래를 모색하기란 현실적으로 불가능에 가까운 것이 아닌가 좌절감이 들기도 한다. 그러나 원주민 공동체의 저항은 희망의 단초를 제공한다. 앞에서 살펴본 대로 2009년 바구아에서 있었던 원주민들의 저항이 2011년 '원주민 또는 부족민의 사전 협의에 관한 법(Ley de Consulta Previa)'을 제정, 국내법에 명문화하도록 이끌었음을 다시 떠올려보자. 스페인 식민 시기 미타 노동과 같은 억압 속에서도 원주민은 상호 협력과 상생이라는 고유의 안데스적 가치를 지켜냈다는 사실도 기억하자. 독립 이후 생존을 위해 도시로 이주한 원주민 농민들은 사막의 황무지에서 판잣집을 짓고 스스로 도시를 완성해 갔고, 마침내 비야 엘 살바도르 사례처럼 자율적 주민 공동체를 통해 리마의 공식 행정구역으로 승격시켰던 사례도 있었다는 사실을 다시금 떠올려 보자.

현재 페루 정치의 주도권은 보수 우파 연합과 게이코 후지모리의 민중의 힘이 장악한 의회가 쥐고 있는 듯하다. 그러나 안데스와 아마존의 원주민을 비롯한 각계각층의 페루 국민들은 의회가 주도하는 배제의 정치에 격렬히 저항했고, 그 과정에서 현재 페루가 직면한 정치·사회의 구조적 문제에 대한 정치적 각성을 높이고 있다. 누가 페루에서 안데스적 가치를 지켜내고, 상생의 미래를 가능하게 할 주체일지 명확하지 않은가? 페루의 매력에 깊이 빠져 있는 한 사람으로써, 배제와 소외 대신 협력과 상생을 추구하는 이들이 페루의 변화를 주도하는 순간이 가까운 미래에 다가오길 기대한다.

참고문헌

강정원, 「세계의 배꼽을 품은 잉카 제국과 안데스 문명」, 『문명, 인류를 밝히다』, 전남대학교 박물관 문화전문도서 13, 심미안, 2024.

_____, 「페루 광산업 부문에서 중국 국유기업의 행태와 전략: 셔우강, 치날코, MMG 사례 비교」, 《라틴아메리카연구》 29(4): 103-114쪽, 2016.

_____, 「페루의 광산업과 지역 사회 발전: 카논 미네로와 농촌마을 변동 사례」, 《국제지역연구》 18(1): 111-140쪽, 2014.

_____, 「식민시대 안데스의 젠더: 원주민 여성을 중심으로」, 《라틴아메리카연구》 27(4): 91-126쪽, 2014.

로버트 M. 카멕, 제닌 L. 가스코, 게리 H. 고센, 강정원 옮김, 『메소아메리카의 유산: 아메리카 토착 문명의 역사와 문화』, 그린비, 2014.

재러드 다이아몬드, 강주헌 옮김, 『총, 균, 쇠: 인간 사회의 운명을 바꾼 힘』, 김영사, 2023.

Alejandro Coca-Castro, Louis Reymondin, Helen Bellfield, and Glenn Hyman, *Land Use Status and Trends in Amazonia*, Report for Global Canopy Programme and International Center for Tropical Agriculture, 2013.

Arellano-Yanguas, J., "Aggravating the Resource Curse: Decentralisation,

Mining and Conflict in Peru", *Journal of Development Studies*, 41(4): pp. 617-638, 2011.

Bill Chambers, "The Barriadas of Lima: Slums of Hope or Despair? Problems or Solutions?", *Geography*, 90(3): pp. 200-224, 2005.

Bradley J. Dixon, *Republic of Indians: Empires of Indigenous Law in the Early American South*, University of Pennsylvania Press, 2021.

Carlos Iván Degregori, *No hay país más diverso: Compendio de antropología peruana*, Instituto de Estudios Peruanos, 2000.

Carlos Iván Degregori, "Ethnicity and Democratic Governability in Peru", *Bulletin of Latin American Research*, 16(2): pp. 165-182, 1997.

Carlos Meléndez, *Populistas: ¿Cuán populistas somos los peruanos? Un estudio empírico*, Debate, 2022.

Carlos Meléndez, *El mal menor: vínculos políticos en el Perú posterior al copalso del sistema de partidos*, Instituto de Estudios Peruanos, 2019.

Carolyn Dean, *Inka Bodies and the Body of Christ: Corpus Christi in Colonial Cuzco, Peru*, Duke University Press, 1999.

César W. Astuhuamán Gonzáles. "The concept of Inca province at Tawantinsuyu Indiana", *Ibero-Amerikanisches Institut Preußischer Kulturbesitz*, Vol. 28, pp. 81-85, 2011.

Charles C. Mann, *1491 New Revelations of the Americas Before Columbus*, Vintage Books, 2005.

Charles T. Goodsell, *American Corporations and Peruvian Politics*, Harvard University Press, 1974.

Christina Taggart, "Moche Human Sacrifice: The Role of Funerary and Warrior Sacrifice in Moche Ritual Organization", *Journal of Anthropology*, 18(1), 2010.

David Noble Cook, *Miners of Red Mountain: Indian Labor in the Andes*, Princeton University Press, 1981.

Eduardo Viveiros de Castro, *Cannibal Metaphysics (Univocal)*, University of Minnesota Press, 2017.

Felipe Guamán Puma de Ayala, *Nueva corónica y buen gobierno*, 1615.

Elizabeth Dore, *The Peruvian Mining Industry: Growth, Stagnation, and Crisis*, Westview Press, 1988.

E.V.K. FitzGerald, *The Political Economy of Peru 1956-78: Economic Development and the Restructuring of Capital*, Cambridge University Press, 1980.

Gordon F. McEwan, *The Incas: New Perspectives*. W.W. Norton & Company, 2008.

Gretchen Helmke and Steven Levitsky, eds., *Informal Institutions and Democracy: Lessons from Latin America*, Johns Hopkins University Press, 2006.

Gustavo Lagos, "Mining Nationalization and Privatization in Peru and in Chile", *Mineral Economics*, May 2018.

Helaine Silverman and Donald Proulx, *The Nasca*, Wiley-Blackwell, 2002.

Herbert S. Klein, Bolivia: *The Evolution of a Multi-Ethnic Society*, Oxford University Press, 1992.

Hernando De Soto, *El Misterio del Capital: Por Que el Capitalism*

Triunfa en Occidente y Fracasa en el Resto del Mundo, El Comercio, 2000.

Javier Pulgar Vidal, Geografía del Perú: Las Ocho Regiones Naturales del Perú, Universo S.A., 1979.

Jeffrey Bury, "Mining Mountains: Neoliberalism, Land Tenure, Livelihoods, and the New Peruvian Mining Industry in Cajamarca", Environment and Planning A, Vol. 37(2): pp. 221-239, 2005.

John Hemming, The Conquest of the Incas, Basingstoke and Oxford: Pan Macmillan Ltd., 1993.

John V. Murra, El mundo andino: población, medio ambiente y economía, Lima: IEP/Pontificia Universidad Católica del Perú, 2002.

Jo-Marie Burt and Cesar Espejo, "The Struggle of a Self-Built Community", NACLA Report on the Americas, 28(4): pp. 19-25, 2016.

Jorge Basadre, La multitud, la ciudad y el campo de la historia del Perú, Editorial Huascarán, 1947.

José María Arguedas, Los ríos profundos, Losada, 1958.

June Nash, We Eat the Mines and the Mines Eat Us, Columbia University Press, 1979.

Kang Jungwon, "Coping with Colonialism: Mita and Indian Community in the Colonial Andes", 《이베로아메리카연구》 24(1): 1-35쪽, 2013.

_____, "Conceptualizing Development in the Peruvian Andes: The Case of the Compañía Minera Antamina", Human Organization,

71(3): 268-277쪽, 2012.

_____, "Can Participation Be Gender-Inclusive?: Gender Roles, Development Projects and the Antamina Mining Project in Peru", 《이베로아메리카》 23(1): 1-34쪽, 2012.

_____, *Getting Engaged in Development: Gender and Participation in the Development Projects of the Antamina Mining Company in San Marcos, Peru, 2006-2008*, Ph.D. Dissertation, University of Florida, 2010.

_____, "Gender Roles and Rural-Urban Divide in the Peruvian Andes: An Analysis of the District of San Marcos", 《라틴아메리카연구》 23(2): 117-149쪽, 2010.

Katharina J. Schreiber, *Wari Imperialism in Middle Horizon Peru*, University of Michigan Press, 1992.

Katharina J. Schreiber and Josué Lancho Rojas, "The Puquios of Nasca", *Latin American Antiquity*, 6(3): pp. 229-254, 1995.

Elizabeth A. Kuznesof, "Ethnic and Gender Influences on 'Spanish' Creole Society in Colonial Spanish America," *Colonial Latin American Review*, Vol. 4, No. 1, pp. 153-176, 1995.

Leigh Campoamor, "Lima's Wall(s) of Shame", *NACLA Report on the Americas*, 51(1): pp. 29-35, 2019.

Leonidas Wiener Ramos, *Debida Diligencia y Minería: Las Bambas*, Cooperacción, 2022, https://cooperaccion.org.pe/wp-content/uploads/2022/11/Debida-diligencia-y-mineria-Las-Bambas.pdf.

Loayza, N., & Rigolini, J., "The Local Impact of Mining on Poverty and Inequality: Evidence from the Commodity Boom in Peru",

World Development, 84: pp. 219-234, 2016.

Luis Moya, Marta Vilela, Javier Jaimes, Briggite Espinoza, Jose Pajuelo, Nicola Tarque, Sandra Santa-Cruz, Pablo Vega-Centeno, Fumio Yamazaki, "Vulnerabilities and Exposure of Recent Informal Urban Areas in Lima, Peru", *Progress in Disaster Science*, 23, October 2024, https://www.sciencedirect.com/science/article/pii/S2590061724000358

Manuel Marzal, *Tierra Encantada*, Editorial Trotta, S.A., 1996.

María Elena García, *Making Indigenous Citizens: Identities, Education, and Multicultural Development in Peru*, Stanford University Press, 2005.

María Elena García, "The Politics of Community: Education, Indigenous Rights, and Ethnic Mobilization in Peru", *Latin American Perspectives*, 30(1): pp. 70-95, 2005.

María Rostworowski, *Historia del Tahuantinsuyu*, Instituto de Estudios Peruanos, 1988.

María Rostworowski, *Etnía y Sociedad: Costa Peruana Prehispánico*, Instituto de Estudios Peruanos, 1977.

Martín Tanaka, *La dinámica de la política peruana: Representación, fragmentación y reforma*, Instituto de Estudios Peruanos, 2006.

Martín Tanaka, "Democracy and the Challenges of Representation in Peru", *Journal of Democracy*, 16(4): pp. 88-102, 2005.

Mary Weismantel, *Cholas and Pishtacos: Stories of Race and Sex in the Andes*, The University of Chicago Press, 2001.

Norman Long and Bryan Roberts, *Miners, Peasants and Entrepreneurs: Regional Development in the Central Highlands of Peru*,

Cambridge University Press, 1984.

Peter F. Klarén, *Peru: Society and Nationhood in the Andes*. Oxford University Press, 2000.

Philippe Descola, *Beyond Nature and Culture*, University of Chicago Press, 2014.

Richard L. Burger, *Chavín and the Origins of Andean Civilization*, Thames and Hudson, 1992.

Rosemary Thorp and Geoffrey Bertram, *Peru 1890-1977: Growth and Policy in an Open Economy*, Columbia University Press, 1978.

Rosemary Thorp and Stefania Battistelli, *The Developmental Challenges of Mining and Oil: Lessons from Africa and Latin America*, Palgrave Macmillan, 2012.

Sabine MacCormack, *Religion in the Andes*, Princeton University Press, 1991.

Steve J. Stern, *Peru's Indian Peoples and the Challenge of Spanish Conquest: Huamanga to 1640*, University of Wisconsin Press, 1982.

Steven Levitsky, *Transforming Labor-Based Parties in Latin America: Argentine Peronism in Comparative Perspective*, Cambridge University Press, 2003.

TRC, *Final Report of the Peruvian Truth and Reconciliation Commission*, 2003, https://www.cverdad.org.pe/ingles/ifinal/index.php.

Ulla D. Berg, *Mobile Selves: Race, Migration, and Belonging in Peru and the U.S.*, New York University Press, 2015.

William H. Isbell and Gordon F. McEwan, eds., *Huari Administrative*

Structure: Prehistoric Monumental Architecture and State Government, Dumbarton Oaks, 1991.

뉴스, 웹사이트 정보

중앙일보, "시진핑 '해양굴기' 꺾으려는 트럼프… 세계 바다가 뜨겁다", 2024.02.01., https://www.joongang.co.kr/article/25310871.

Abraham Lama, "Population-Peru: Migration Changes the Face of Lima", *IPS*, 1999.01.18., https://www.ipsnews.net/1999/01/population-peru-migration-changes-the-face-of-lima/.

Alonso Gurmendi Dunkelberg, "What Just Happened in Peru? Understanding Vizcarra's Sudden Impeachment," *Americas Quarterly*, 2020.11.10., https://www.americasquarterly.org/article/what-just-happened-in-peru-understanding-vizcarras-sudden-impeachment/.

Brian Osgood, "Peruvian democracy weakened as government consolidates control: Report", *Aljazeera*, 2024.03.22., https://www.aljazeera.com/news/2024/3/22/peruvian-democracy-weakened-as-government-consolidates-control-report.

Business & Human Rights Resource Centre, "Peru: Work on the Chancay Megaport is Reportedly Causing Social and Environmental Impacts", 2024.09.25., https://www.business-humanrights.org/en/latest-news/per%C3%BA-obras-del-megapuerto-de-chancay-estar%C3%ADan-ocasionando-impactos-sociales-y-ambientales/.

CEIC, Peru Census Populaion: Urban: Lima, 1940-2017, https://www.ceicdata.com/en/peru/population-census-by-department/census-population-urban-lima

César Landa, "Back to Bicameralism: The Illiberal Goals of Peru's Constitutional Reforms", *Constitutionnet*, 2025.03.26. https://constitutionnet.org/news/voices/back-bicameralism-illiberal-goals-peru.

Climate & Clean Air Coalition, Project Portfolio, Peru – National planning on short-lived climate pollutants, https://www.ccacoalition.org/projects/peru-national-planning-short-lived-climate-pollutants.

Container News, "Container throughput rises in Peru, 2025.03.21., https://container-news.com/container-throughput-rises-in-peru/.

CSIS, "China-owned Chancay Port Set to Become Latin America's Third Largest", 2025.02.25., https://www.csis.org/analysis/china-owned-chancay-port-set-become-latin-americas-third-largest.

Dan Collyns, "Peru President Removed from Office and Charged with 'Rebellion' after Alleged Coup Attempt", *The Guardian*, 2022.12.08., https://www.theguardian.com/world/2022/dec/07/peru-president-detained-pedro-castillo-coup.

Diana Roy, "Why Was Peru's President Impeached?", In Brief, *Council on Foreign Relations*, December 19, 2022, https://www.cfr.org/in-brief/why-was-perus-president-impeached.

Diario Correo, "SNMPE: conflictos en Cuajone y Las Bambas generan pérdidas de US$ 14 millones diarios", 2022.04.20., https://

diariocorreo.pe/economia/snmpe-conflictos-en-cuajone-y-las-bambas-generan-perdidas-de-14-millones-de-dolares-diarios-rmmn-noticia/.

DW, "Xi Inaugurates South America's First Chinese-Funded Port", 2024.11.14., https://www.dw.com/en/xi-inaugurates-south-americas-first-chinese-funded-port-in-peru/a-70785410.

Edésio Fernandes, *Regularization of Informal Settlements in Latin America*, Policy Focus Report, Lincoln Institute of Land Policy, 2011, https://www.lincolninst.edu/app/uploads/legacy-files/pubfiles/regularization-informal-settlements-latin-america-full_0.pdf.

Freedom House, *Freedom in the World 2024, Peru*, https://freedom house.org/country/peru/freedom-world/2024.

HRW, "Peru: Congress Runs Roughshod Over Rule of Law", 2024. 03.11., https://www.hrw.org/news/2024/03/11/peru-congress-runs-roughshod-over-rule-law.

Julio Caldero, "Regularization of Urban Land in Peru", *Lincoln Institute of Land Policy*, 1998.05.01., https://www.lincolninst. edu/publications/articles/regularization-urban-land-peru

IEP, *IEP Informe de Opinión* – Diciembre 2022, https://iep.org.pe/noticias/iep-informe-de-opinion-diciembre-2022/.

IMF, *World Economic Outlook Database, April 2023*, https://www. imf.org/en/Publications/WEO/weo-database/2023/April/select-subjects?c=293.

IMF, *World Economic Outlook Database, October 2022*, https://www.imf.org/en/Publications/WEO/weo-database/2022/

October.

INEI, *Perú: evolución de la pobreza monetaria, 2014-2023*, 2024.05.09., https://www.gob.pe/institucion/inei/informes-publicaciones/5558423-peru-evolucion-de-la-pobreza-monetaria-2014-2023.

La Encerrona, Interview with Steven Levitsky: ¿Está muriendo la democracia peruana?, 2022.12.05., Facebook, https://www.facebook.com/encerronaperu/videos/steven-levitsky-est%C3%A1-muriendo-la-democracia-peruana/1112547726111115/.

La República, *Encuesta IEP Perú: Aprobación y desaprobación de la presidencia y el Congreso de la República*, 2023.11.https://data.larepublica.pe/encuesta-iep-peru-aprobacion-desaprobacion-presidencia-congreso-de-la-republica-ejecutivo-legislativo/noviembre-2023/.

Mariano Castro and Gustavo Riofrío(1996), "La regularización de las barriadas: el caso de Villa El Salvador (Perú)", *El acceso de los pobres al suelo urbano*, Centro de estudios mexicanos y centroamericanos, https://0-doi-org.catalogue.libraries.london.ac.uk/10.4000/books.cemca.922.

MINAM(Ministerio del Ambiente), *Sexto informe nacional sobre diversidad biológica: la biodiversidad en cifras*, 2019, https://cdn.www.gob.pe/uploads/document/file/360831/La_Biodiversidad_en_Cifras_final.pdf.

MINEM(Ministerio de Energía y Minas), Porfolio of Mining Investment Projects, 2024, https://www.gob.pe/institucion/minem/informes-publicaciones/5325671-cartera-de-proyectos-deinversion-minera-2024.

Mongabay, "The Top 10 Most Biodiverse Countries", 2016.05.21., https://news.mongabay.com/2016/05/top-10-biodiverse-countries/.

Renzo Gómez Vega, "El terruqueo, el arma verbal que pone a los manifestantes peruanos en la diana", *El País*, 2023.01.06., https://elpais.com/internacional/2023-01-06/el-terruqueo-el-arma-verbal-que-pone-a-los-manifestantes-peruanos-en-la-diana.html.

RFI, "Peru Court Orders Demolition of 'Wall of Shame' Dividing Rich and Poor", 2022.12.30.,https://www.rfi.fr/en/international-news/20221230-peru-court-orders-demolition-of-wall-of-shame-dividing-rich-and-poor.

Ryan Dubé, "To Have & To Hold: Property Titles at Risk in Peru", *Lincoln Institute of Land Policy*, April 2015, https://www.lincolninst.edu/publications/articles/have-hold/.

Stefano Pozzebon, "Peru's Crisis Is a Cautionary Tale for Democracies", *CNN*, 2023.01.23., https://edition.cnn.com/2023/01/19/americas/peru-protests-economy-democracy-intl-latam/index.html.

Steven Grattan, "Peru Passes Law Critics Claim Will Hamper the Ability of NGOs to Defend Human Rights", *AP News*, 2025.03.14., https://apnews.com/article/peru-congress-new-law-regulating-apci-d74aba95afb55d03b5d6a6b8783cf0b3.

The Maritime Executive, "Port of Chancay Creates New Competition in Latin America", 2024.07.07., https://maritime-executive.com/editorials/port-of-chancay-creates-new-competition-in-latin-america.

UN, *World Population Prospect 2024*, https://desapublications. un.org/publications/world-population-prospects-2024-summary-results.

United Nations Conference on Trade and Development (UNCTAD), *State of Commodity Dependence 2019*, https://unctad.org/ system/files/official-document/ditccom2019d1_en.pdf.

UN-Habitat, *Planned City Extensions: Analysis of Historical Examples*, 2015, https://unhabitat.org/planned-city-extensions-analysis-of-historical-examples.

UN-Habitat, *The State of Latin American and Caribbean Cities 2012: Towards a New Urban Transition*, 2012, p. 64. https://unhabitat. org/state-of-latin-american-and-caribbean-cities-2.

UrbanShift, "Lima's Participatory, Low-Cost Expansion of Public Green Space", 2023.05.02., https://www.shiftcities.org/post/ limas-participatory-low-cost-expansion-public-green-space.

U.S. Geological Survey, *Mineral Commodities Summaries 2023*, https://pubs.usgs.gov/publication/mcs2023.

Yvette Sierra Praeli, "Peru Congress Debates Stripping Isolated Indigenous People of Land and Protections", *Mongabay*, 2023.03.16., https://news.mongabay.com/2023/03/peru-congress-debates-stripping-isolated-indigenous-people-of-land-and-protections/.

깊은 페루

1판 1쇄 발행 2025년 4월 28일

지은이 | 강정원
펴낸이 | 조영남
펴낸곳 | 알렙

출판등록 | 2009년 11월 19일 제313-2010-132호
주소 | 경기도 고양시 일산서구 중앙로 1455 대우시티프라자 715호
전자우편 | alephbook@naver.com
전화 | 031-913-2018, 팩스 | 02-913-2019

ISBN 979-11-89333-95-9 (93950)

* 이 책은 2019년 대한민국 교육부와 한국연구재단의 지원을 받아 수행된 연구입니다.
  (NRF-2019S1A6A3A02058027).

* This work was supported by the Ministry of Education of the Republic of Korea
  and the National Research Foundation of Korea(NRF-2019S1A6A3A02058027)